KB239467

표현 하나를 들으면
대답 세 개가 보이는

1+3 미드 English

❸ 남자들의 삶과 로망

표현 하나를 들으면 대답 세 개가 보이는

1+3 미드 English

❸ 남자들의 삶과 로망

초판 1쇄 2009년 7월 03일 인쇄
초판 1쇄 2009년 7월 10일 발행

지은이 이충훈 · 황혜진

펴낸곳 도서출판 이비컴
펴낸이 강기원
기획진행 김인호
디자인 이승현
편 집 김윤영
마케팅 김동중 · 이은미

주 소 130-811 서울시 동대문구 신설동 97-1 302호
대표전화 (02) 2254-0658
팩 스 (02) 2254-0634
전자우편 help@bookbee.co.kr

등록번호 제 6-0596호
등록일자 2002.4.9
ISBN 978-89-6245-019-4 03740
웹사이트 http://www.bookbee.co.kr

값 12,000원

이 도서의 국립중앙도서관 출판시도서목록(CIP)은 e-CIP 홈페이지(http://www.nl.go.kr/cip.php)에서 이용하실 수 있습니다.(CIP제어번호: 2009001683)

표현 하나를 들으면
대답 세 개가 보이는

1+3 미드 English

❸ 남자들의 삶과 로망

이충훈 · 황혜진 지음

이비톡 Talk

이 책을 시작하며

"1+3 미드 English" 시리즈는 장르별로 전 세계에서 가장 많은 사랑을 받고, 가장 회화 공부에 도움이 되는 미드(+리얼리티 쇼)를 각각 4편씩 선정해, 미드 속에 나오는 대사들 중 실제 네이티브들이 가장 즐겨 사용하는 회화 표현들을 담았습니다. 각 권 한 편의 미드에는 총 12개의 에피소드를 다루고, 하나의 에피소드에서 6개의 필수 회화 표현을 선정해 세 개의 대답을 수록했습니다. 따라서 독자 여러분은 권당 총 288개에 달하는 필수 회화 표현을 배울 수가 있습니다.

지금까지 시중에 나와 있는 수많은 표현 책들의 경우, 단순히 독특한 네이티브들의 짧은 표현들만을 학습자들에게 가르쳐 주는데 그 한계점이 있었다면, 이 책은 기존 표현 학습의 한계를 벗어나, "이런 표현들을 들었을 때, 어떤 식으로 대답하여 대화를 주고받을 수 있을까?"라는 부분에 초점을 두고 있습니다. 이를 위해서, 한 개의 필수 회화 표현에는 총 3가지 방식(네이티브들이 즐겨 쓰는 어감과 문장패턴을 사용)으로 대답할 수 있는 문장을 제시해 학습자들이 단순 표현의 학습을 넘어 언어를 주고받는 능력의 향상을 꾀하도록 하는데 중점을 두었습니다. 즉, 각 표현당 3개의 대답 문장이 붙으면서 여러분은 이 책 한 권을 통해 네이티브들이 일상생활 속에서 즐겨 사용하는 총 1,152개의 영어 문장들을 배울 수 있습니다.

이 책의 에피소드별로 정리된 필수 표현들과 그에 따른 대답 문장들을 듣고 따라 읽은 후, 해당 미드의 각 에피소드들을 시청해 보세요. 미드의 재미를 넘어서 여러분이 직접 학습한 내용들을 미드 속 네이티브들이 말하는 것을 들었을 때 느끼게 될 쾌감의 크기가 상상이 가시나요?

사실 저희 영어 실력의 절반 이상은 수많은 미드를 시청하고 대사를 따라 말해보는 노력을 통해 이루어졌다고 해도 절대 과언이 아닙니다. 누구보다 영어를 잘하고 싶어 하는 여러분이, 미드는 볼 필요가 없다며 실제 네이티브들의 대화 속도나 억양과는 현저히 다른 영어책 테이프만 듣고, 사용해 보지도 못할 독특한 표현들만 따라 읽으면서 영어 실력이 늘기를 바란다면 욕심이 아닐까요? 영어는 언어입니다. 한 나라의 언어는 결코 책 한 권 달랑 읽는다고 말문이 줄줄 열리는 것이 아닙니다. 영어를 사용하기 힘든 한국이라는 환경에서는 책과 함께 팝송, 영화, 미드 등의 다양한 문화상품들을 듣고 보고 즐길 때 비로소 말문이 트이고 귀가 열리는 겁니다. 영어 실력의 향상을 위해서 여러분들이 반드시 즐겨야 할 '미드' 라는 놀이동산으로 오세요.

저희는 이 책들과 함께 여러분들의 "10년 해도 늘지 않는 영어실력"의 탈피를 돕기 위해 이 책들의 전용 블로그를 운영하고 있습니다. 블로그에는 이 책에 등장하는 미드들의 대본들과 다양한 동영상 클립들, 그리고 기타 어학 자료들을 제공하고 있습니다. 언제든 방문해서 책과 함께 블로그가 제공하는 재미에 같이 빠져보시길 권합니다.

〈표현 하나를 들으면 대답 세 개가 보이는 "1+3 미드 English"〉를 넘어, 표현 하나를 들으면 수만 가지의 대답을 할 수 있을 정도로 여러분의 영어 실력이 느는 그 여정에 이 책이 큰 도움이 될 거라고 확신합니다. 자, 이제 힘차게 48일간의 영어 공부 대장정을 시작해 볼까요?

이충훈 & 황혜진(at J&L English Lab)

이 책은 이렇게 공부하세요!

저자가 추천하는
"1+3 미드 English" 영어 학습법!!!

Step 1 학습 스케줄 표를 보고 오늘 배울 핵심 표현 6가지를 한글로 먼저 확인한다.

Step 2 MP3를 들으면서 오늘 배울 표현과 대답 문장들을 큰소리로 따라 읽는다.
(최소한 5번 많게는 10번까지 반복해서 듣고 따라 읽도록 한다.)

Step 3 MP3의 표현 문장만 들은 후, 자신이 직접 상황을 상상하여 대답 문장을 만들어 대답해 본다.
(굉장히 중요하니 반드시 실천할 것!!!)

Step 4 Review의 A-B 대화문 빈 칸에 해당하는 학습 표현을 직접 작성한 후, 같이 공부하는 친구들과 함께, 혹은 혼자서라도 큰소리로 리얼~하게 읽어 본다.

Step 5 다시 학습 스케줄 표로 돌아가서 처음에 본 한글 표현 아래 배운 내용을 기억하며 영문을 직접 작성해 본다.
(하루의 공부를 알차게 마무리!!!)

Step 6 한 편의 미드 12개 에피소드가 끝나면 패턴 학습 페이지의 내용을 학습한 후, 본문에서 해당 패턴이 사용된 대답 문장들을 직접 찾아 밑줄 쫙!! 다시 한 번 읽어본다.
(표현과 패턴의 동시 완성!!!)

더 실력을 업그레이드 하고 싶으신 분들을 위해!!

Step 7 저자의 블로그를 방문하여, 미드와 관련된 포스팅도 재미있게 읽어보고, 미드의 대본도 다운 받아서 열심히 따라 읽어보도록 한다. 물론 그냥 대본만 보면 재미없으니까, 해당 미드 DVD를 구입 (대형마트 DVD코너에 가면 쉽게 구입할 수 있다!!) 또는 비디오 가게에서 빌려서 신나게 시청하면서 진정한 미드의 세계에 빠져보자!!!

총 48일의 학습 스케줄을 완성한 분들은 표현과 대답을 합쳐
총 1,152개의 네이티브들이 즐겨 사용하는 영어문장과
총 48개의 필수 회화 패턴을 머릿속에 장착하게 될 것입니다.
영어 별거 아닙니다!!
이 책과 함께 실제 네이티브들이 사용하는 일상생활 문장들을
죽어라 듣고, 죽어라 따라 읽으면 말문이 열립니다!!

How to Use This Book

How I met your mother는 이런 미드다!

재미있는 미드 이야기를 한눈에 파악할 수 있도록 각 미드의 줄거리, 등장인물, 관련 사이트들의 정보를 담았습니다.

Episode 표현 하나에 대답이 세 개씩!

각 미드에서 가장 빈번하고 유용하게 사용하는 표현들을 선별해 구성했습니다. 한 편의 미드 속에는 에피소드 12개, 각각의 에피소드에는 표현 1개에 3개의 대답을 제시하여, 네이티브들이 가장 즐겨 사용하는 총 1,152개의 표현들을 학습할 수 있도록 했습니다 MP3와 함께 마음껏 대화를 즐기세요.

Review와 함께 나도 미드 주인공!

각 에피소드에서 학습한 내용들을 확인하기 위하여 6개의 주요 표현들을 활용한 A-B 대화문을 제시했습니다. 배운 표현들이 상황 속에서 어떻게 적용되는지 확인해 보세요. 잘 기억이 나지 않으면 다시 꼭 복습하시기를 바랍니다.

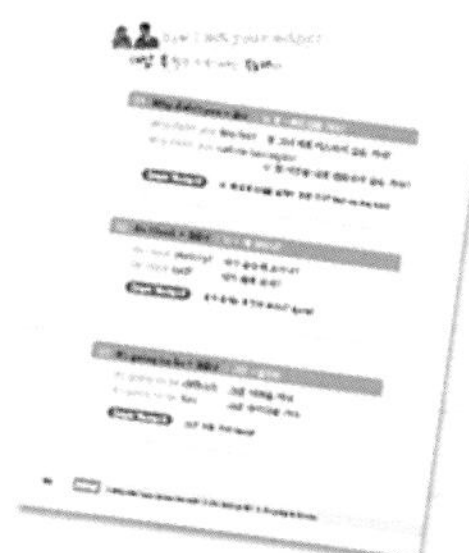

표현과 패턴을 한꺼번에 잡는다!

각 미드의 에피소드 표현에 대한 대답으로 나오는 문장들 속에서 패턴으로 학습할 수 있는 것들을 묶어서 정리해 놓았습니다. 미드 1편당 총 12개의 필수 패턴, 즉 총 48개의 패턴을 학습할 수 있습니다. 한 편의 미드를 통해서 표현과 패턴을 동시에 정복하세요.

1+3 미드 English 학습 스케줄!

하루 분량 학습이 끝나면 학습 스케줄 안에 한글에 해당하는 영문을 직접 작성해 보세요. 6개의 표현과 함께 기억에 남은 것들을 적으면서 영어에 자신감을 가지세요.

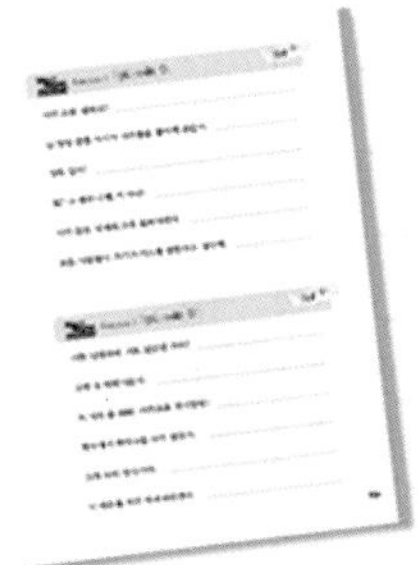

저자 블로그 www.jnl.pe.kr

저자의 블로그를 통해서 재미있는 미드 소식들과 미드 대본 및 각종 영상 등 여러 가지 회화공부를 위한 자료들을 같이 학습하세요.

"1+3" 미드 English

Contents

이 책을 시작하며 • 04
이 책은 이렇게 공부하세요! • 06
How to Use This Book • 08

How I met your mother 는 이런 미드다!

How I met your mother의 등장인물 • 14

Season 1

Episode 01 • 16
Episode 02 • 20
Episode 03 • 24
Episode 04 • 28
Episode 05 • 32
Episode 06 • 36
Episode 07 • 40
Episode 08 • 44
Episode 09 • 48
Episode 10 • 52
Episode 11 • 56
Episode 12 • 60

대답 속 필수 회화패턴 복습하기 • 64

CSI: LAS VEGAS 는 이런 미드다!

CSI Las Vegas의 등장인물 • 70

Season 1

Episode 01 • 72
Episode 02 • 76
Episode 03 • 80
Episode 04 • 84
Episode 05 • 88
Episode 06 • 92
Episode 07 • 96
Episode 08 • 100
Episode 09 • 104
Episode 10 • 108
Episode 11 • 112
Episode 12 • 116

대답 속 필수 회화패턴 복습하기 • 120

Entourage 는 이런 미드다!

Entourage의 등장인물 • 126

Season 1
Episode 01 • 128
Episode 02 • 132
Episode 03 • 136
Episode 04 • 140
Episode 05 • 144
Episode 06 • 148
Episode 07 • 152
Episode 08 • 156

Season 2
Episode 01 • 160
Episode 02 • 164
Episode 03 • 168
Episode 04 • 172

대답 속 필수 회화패턴 복습하기 • 176

THE MENTALIST 는 이런 미드다!

The Mentalist의 등장인물 • 182

Season 1
Episode 01 • 184
Episode 02 • 188
Episode 03 • 192
Episode 04 • 196
Episode 05 • 200
Episode 06 • 204
Episode 07 • 208
Episode 08 • 212
Episode 09 • 216
Episode 10 • 220
Episode 11 • 224
Episode 12 • 228

대답 속 필수 회화패턴 복습하기 • 232

"1+3" 미드 English 학습 스케줄!! • 236

How I met your mother는 이런 미드다!

누구나 한 번쯤은 가보고 싶어 하는 도시인 New York을 배경으로 자신의 반쪽을 찾기 위해 노력하는 주인공 Ted와 늘 그와 함께 하는 4명의 친구들이 벌이는 다양한 에피소드들이 펼쳐지는 코미디 미드입니다. 특히 4명의 친구들 중 그 옛날 대한민국 어린 청소년들의 인기를 한 몸에 받았던 그야말로 원로미드(?) 라고 할 수 있는 "천재소년 두기"의 주인공인 두기가 Ted의 친구 중 하나인 Barney로 출연하기에 이제 얼굴에 주름살이 하나 둘 생겨버린 그의 능청스런 코믹 연기를 보는 것도 이 드라마의 재미 중 하나라고 할 수 있습니다.

개인적으로 How I met your mother의 재미는 사실상 Barney가 50%는 다 만들어 낸다고 보는 데요, 그의 명대사인 "Have you met Ted?(Ted 만난 적 있어요?)", "It's going to be legendary.(전설처럼 끝내 줄 거야.)" "Suit up!(양복 입어!)" 등이 등장할 때마다 나도 모르게 따라서 말하게 되는 중독성이 있습니다. 젊은 청년들의 연애, 이별, 우정을 다룬 드라마이기에 대사들의 내용이 평이하고, 일상회화가 많기 때문에 미드로 영어 공부를 시작하고 싶은 모든 분들에게 반드시 추천하고 싶은 미드 중 하나입니다.

드라마 How I met your mother에 관한 더 많은 내용들을 알고 싶으면 다음 사이트들을 방문해 보세요. 공식 홈페이지에서부터 팬들이 만든 팬 사이트까지 How I met your mother 에 관한 다양한 사진 및 영상 자료들이 있으니 심심할 때 한 번씩 방문해서 살펴보는 것도 여러분의 영어공부에 도움이 될 겁니다.

- www.cbs.com/primetime/how_i_met_your_mother/
- http://have-you-met-ted.com/
- www.mylifetime.com/on-tv/shows/how-i-met-your-mother
- http://www.howimetyourblog.com/
- http://www.fanpop.com/spots/how-i-met-your-mother

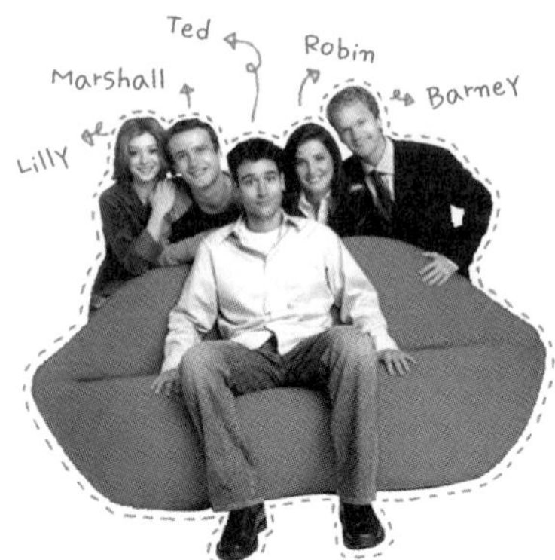

How I met your mother의 등장인물

테드 Ted

소심한 성격에 어떻게 보면 가장 일반적인 남자라고 볼 수 있는 테드는 사랑하는 여자를 만나 가정을 꾸리고 싶어 하지만, 첫눈에 반해버린 로빈은 캐주얼한 만남을 원하는 탓에 둘의 사랑은 실패로 돌아가고 맙니다. 그 이후로도 사랑을 좇아 또 다른 여자를 만나지만 이번에도 역시 잘 풀리진 않네요.

마샬 Marshall

테드와 대학교 룸메이트로 만나 여전히 함께 살고 있는 마샬은 첫사랑인 릴리와 오랜 기간 연애 끝에 결혼을 하기로 결심합니다. 테드의 베스트 프렌드로 우정이 무엇인지 보여주는 훈남 캐릭터입니다.

릴리 Lilly

테드와 마샬과 대학 동기로 마샬과 현재 10년째 연애중이며, 셋은 절친한 친구 사이로 마샬과 릴리가 동거를 결정하면서 함께 살게 됩니다.

바니 Barney

사랑하던 여자에게서 상처받았던 과거로 인해 멋진 플레이보이로 변신한 바니는 늘 정장을 입고 다니며 여자들 꼬시기에 전념합니다. 회사에서 하는 일이라곤 늘 남 골려주는 거밖에 없기에 무슨 직업인지 모르겠으나, 나름 위치가 있고 많은 돈을 버는 걸로 짐작되는 그는 주변을 늘 웃게 만드는 감초 같은 역할을 하는 캐릭터랍니다.

로빈 Robin

테드가 첫눈에 반해버린 상대이자, 아직은 자잘한 기사를 전달하는 TV리포터입니다. 심각한 관계를 원하는 테드와 사랑이 이루어지지 않지만, 서로에 대해 마음을 놓지 못해 안타까운 러브라인을 형성합니다. 남자 같은 털털한 면이 있으며 후에 바니와 연결되기도 합니다.

Season 1 Episode 01

01 Is this going to take a while?
이거 오래 걸려요?

#01 No, it won't take more than 10 minutes.
아니, 10분 이상 걸리지 않을 거야.

#02 Umm... I'll be brief.
음... 짧게 하도록 할게요.

#03 Yes, it's going to take a while, so be patient.
응, 시간이 좀 걸릴 테니까, 조급하게 굴지 마.

02 I've always had a thing for half-Asian girls. 나 항상 혼혈 아시아 여자들을 좋아해 왔잖아.

#01 Me, too. Half-Asian girls are beautiful.
나도 그래. 혼혈 아시아 여자들은 아름답잖아.

#02 But you have never dated one, right?
하지만 혼혈 아시아 여자랑 데이트 해본 적 없잖아, 그렇지?

#03 Yeah, they are beautiful. For example, Jessica Gomez is hot!
응, 그들은 아름다워. 예를 들어, 제시카 고메즈 섹시하잖아.

어휘 / 표현정리

- **take a while** (시간이) 오래 걸리다
- **You have never + p.p** 넌 결코 ~해 본적이 없다
- **have a thing for** ~를 좋아하다, ~에게 마음이 있다
- **patient** 인내심이 있는, 끈기 있는
- **hot** 섹시한
- **brief** 짧은, 간단한

03 Suit up!

양복 입어!

#01 No, I prefer casual clothes.
아니, 난 편한 옷차림이 좋아.

#02 But I don't have a suit.
하지만, 난 양복이 없는데.

#03 I don't want to wear a suit. Can I just wear jeans and sneakers?
나 양복 입기 싫어. 그냥 청바지랑 운동화 신어도 될까?

04 What? I did not chicken out!

뭐? 나 꽁무니 뺀 거 아냐!

#01 Yes, you did. You chickened out like a little girl.
맞거든. 너 계집아이처럼 꽁무니 뺀 거야.

#02 Oh, you don't need to be embarrassed. We understand.
오, 창피해 할 필요 없어. 우리 이해해.

#03 Then, why didn't you kiss her? You just chickened out.
그럼, 왜 그녀에게 키스 안 한 건데? 넌 그냥 꽁무니 뺀 거야.

어휘 / 표현정리

- suit 양복
- chicken out 꽁무니 빼고 달아나다
- be embarrassed 창피하다
- jeans and sneakers 청바지와 운동화
- You don't need to 너 ~할 필요 없다
- prefer ~을 선호하다

Season 1

Episode 01

05 This is totally going in my blog.

이거 완전 내 블로그에 올려야겠다.

#01 No way! Get rid of the picture. Now!

절대 안 돼. 사진 지워. 당장!

#02 If it goes in your blog, I'm going to kill you!

그거 네 블로그에 올라가면 너 죽었어.

#03 Do you have a blog? What's your blog address?

너 블로그 있어? 블로그 주소가 뭐야?

06 Everyone thinks they're a good kisser.

모든 사람들이 자기가 키스를 잘한다고 생각해.

#01 Yeah, it's really funny, isn't it? But my girlfriend is a good kisser.

응, 그거 웃기지, 그지? 하지만 내 여자친구는 키스 잘 해.

#02 Oh, I've got references. Trust me. I'm a good kisser.

오, 난 보증인들도 있어. 날 믿어봐. 나 키스 잘해.

#03 Right, and one more thing. Everyone thinks they're a good person.

맞아, 그리고 하나 더. 모든 사람들이 자기가 착한 줄 알잖아.

어휘 / 표현정리

- **go in one's blog** ~의 블로그에 올려지다
- **good kisser** 키스 잘하는 사람
- **references** 참조인, 보증인
- **No way!** (강한 부정) 절대 안 돼!
- **get rid of** ~을 제거하다

다음 각 A와 B의 대화문 빈칸에 들어갈 적절한 표현을 넣어보세요.
잘 기억이 나지 않는다고요? 그럼 앞으로 돌아가서 다시 복습하세요!

1. A : _______________ We're going out to a fancy party tonight.
   양복 입어! 우리 오늘 밤 멋진 파티에 갈 거야.
   B : But I don't have a suit that fits!
   하지만 난 맞는 양복이 없다고!

2. A : ____
   난 항상 혼혈 아시아 여자들을 좋아해 왔잖아.
   B : Me, too. They just got a sexiness to them.
   나도 그래. 걔들은 그냥 섹시함이 묻어난다니까.

3. A : Did you take his picture?
   너 걔 사진 찍었니?
   B : Of course, I did. ____
   물론 찍었지. 이거 완전 내 블로그에 올려야겠다.

4. A : John! I need to talk to you right now.
   존! 지금 너랑 얘기 좀 해야겠어.
   B : _______________________ I don't have much time right now.
   오래 걸릴까? 나 지금 시간이 많지가 않거든.

5. A : Why didn't you show up on the blind date? Did you chicken out? 너 왜 소개팅에 나타나지 않은 거니? 너 꽁무니 뺀 거야?
   B : ____ I just forgot.
   뭐? 나 꽁무니 뺀 거 아냐. 난 그냥 깜박 잊었어.

6. A : ____
   모든 사람들이 자기가 키스를 잘한다고 생각해.
   B : Oh, believe me. I'm a good kisser. Do you want me to show you? 아, 내 말 믿어. 난 키스 잘한다고. 내가 보여줄까?

Season 1 Episode 02

01 Since when do you guys know each other?

너희 언제부터 서로 알았던 거야?

#01 We have known each other for about 5 years.

우리는 안 지 한 5년 됐어.

#02 We first met in 2007, I guess.

우리 2007년에 처음 만났던 것 같아.

#03 Oh, I've known this guy for about 10 years.

오, 나 이 친구를 거의 10년 정도 알고 지냈어.

02 That's part of my charm.

그게 내 매력이잖아.

#01 That's not part of your charm. You have no charm.

그거 네 매력 아니야. 넌 매력 같은 거 없어.

#02 Fortunately, I see it that way.

다행히도, 내가 볼 때도 그래 보여.

#03 Yeah, don't lose your muffin top. That's part of your charm.

그래, 옆구리 살 빼지마. 그게 네 매력이야.

어휘 / 표현정리

- **Since when ~?** 언제부터?
- **muffin top** 튀어나온 옆구리 살 cf) beer belly 똥배
- **charm** 매력
- **fortunately** 다행히도

03 Look at her. She's smoking!
저 여자 좀 봐봐. 미치도록 섹시한데!

#01 That girl over there? What the hell... You must be drunk.
저기 저 여자? 뭐 저 따위가... 너 취했구나.

#02 Are you kidding? You must have your beer goggles on.
장난쳐? 너 술 취해서 눈에 뭐가 씌었구나.

#03 Yeah, she's hot. Why can't I get a girl like that?
응, 섹시하네. 왜 난 저런 여자가 안 생기는 거지?

04 I got stuck at work.
회사에서 빠져나올 수가 없었어.

#01 Too late, man. She's already gone.
너무 늦었어, 친구. 걔 벌써 갔어.

#02 You could have at least called me.
최소한 내게 전화는 줄 수 있었잖아.

#03 The party is not over yet. Come on in.
아직 파티 안 끝났어. 들어와.

어휘 / 표현정리

- smoking 미치도록 섹시한
- What the hell... 뭐 저 따위가...
- You could have + p.p 넌 ~할 수도 있었다
- get stuck 꼼짝 못하다
- beer goggles (술에 취해) 사물을 제대로 판단 못하는 상태

Season 1

Episode 02

05 That's just how we roll.

그게 우리 방식이야.

#01 Okay. I will get used to it.
알았어. 그 방식에 익숙해질게.

#02 That's cool. I like how you guys roll.
멋진데. 너희 방식이 맘에 든다.

#03 Okay. Just keep it your way.
알았어. 그냥 하던 대로 해.

06 I'm going to knock back this beer.

이 맥주를 마구 마셔버리겠어.

#01 You can knock back as much as you can. Tonight is on me.
마시고 싶은 만큼 마음껏 마셔. 오늘 밤은 내가 쏜다.

#02 All right! Bottoms up!
좋았어. 원샷이다!

#03 That's the spirit. Let's drink like a fish tonight.
바로 그 정신이야. 오늘 밤 코가 삐뚤어지게 마셔보자.

어휘 / 표현정리

- **get used to** ~에 익숙해지다
- **knock back** (술을) 마구 마시다
- **drink like a fish** 코가 삐뚤어지게 마시다
- **something is on me** 무언가를 내가 쏜다 cf) Lunch is on me. 점심 내가 쏜다.

다음 각 A와 B의 대화문 빈칸에 들어갈 적절한 표현을 넣어보세요.
잘 기억이 나지 않는다고요? 그럼 앞으로 돌아가서 다시 복습하세요!

1. A : Hey, ________________________________
   야, 저 여자 좀 봐봐. 미치도록 섹시한데.

   B : Are you drunk? That's your sister, man.
   너 술 취했냐? 쟤 네 여동생이잖아, 임마.

2. A : You're late, Ted.
   너 늦었다, 테드.

   B : I'm sorry. ________________ I couldn't get out before 7.
   미안. 회사에서 빠져나올 수가 없었어. 7시 전에 나올 수가 없었다고.

3. A : I will get drunk tonight. ________________________
   나도 오늘 밤 취할 거야. 이 맥주를 마구 마셔버리겠어.

   B : That's what I'm talking about. Let's get drunk tonight.
   내 말이 그 말이야. 오늘 밤 취해보자고!

4. A : Are you guys friends? ________________________
   너희 친구니? 너희 언제부터 서로 알았던 거야?

   B : We first met back in 2005 in Los Angeles.
   로스앤젤레스에서 2005년에 처음 만났어.

5. A : You're a man of few words.
   넌 말이 별로 없구나.

   B : I know. But ________________________________
   나도 알아. 하지만 그게 내 매력이잖아.

6. A : I can't believe you guys have parties every night.
   너희 매일 밤 파티를 열다니 믿을 수가 없다.

   B : Well, ______________________ We are all party animals!
   음, 그게 우리 방식이야. 우린 모두 파티광이거든.

01 We all used to hang out at this bar.

우리 모두는 이 바에서 어울려 놀고는 했었어.

#01 This place is not bad. Where do you guys hang out now?
여기 나쁘지 않네. 너희 지금은 어디서 어울리는데?

#02 Really? This bar was my favorite hang-out, too.
정말? 이 바는 내가 가장 좋아하던 단골집이기도 했어.

#03 I still hang out here with my friends.
난 아직도 친구들하고 이곳에서 어울려 놀아.

02 Tuck in your shirt. You look sketchy.

셔츠 집어넣어라. 너 좀 음산해(수상해) 보여.

#01 Okay. I will tuck my shirt in. How do I look now?
알았어. 셔츠 집어넣을게. 나 어때 보여?

#02 Do I look sketchy? I thought I look cool.
내가 음산해 보여? 난 내가 멋지다고 생각했는데.

#03 What? Nobody tucks in their shirts these days.
뭐? 요즈음은 아무도 셔츠 집어넣어서 입지 않아.

어휘 / 표현정리

- **used to** ~하고는 했었다
- **hang out** 어울리다, 놀다
- **hang-out** 단골집
- **sketchy** 음산한, 수상한
- **tuck in** 집어넣다
- **cool** 멋진

03 It's going to be legendary.

전설로 기록될 만큼 끝내줄 거야!

#01 Sounds awesome! Tonight will be legendary just like you said.
죽여줄 것 같은데! 오늘 밤은 네가 말한 대로 전설이 될 거야.

#02 Don't say legendary. You're too liberal with the word legendary.
전설적이라고 말하지 마. 너 너무 그 단어 아무렇지 않게 쓴다.

#03 Are you sure? There are not many girls in this club.
너 확신해? 이 클럽에 여자도 많지 않은데 말이야.

04 Where are you headed?

너 어디로 가는 길이니?

#01 I'm headed for home. Where are you headed?
집으로 가는 길이야. 넌 어디로 가는 길이니?

#02 I'm headed for the library. I have to return these books.
나 도서관 가는 길이야. 이 책들을 반납해야 해서.

#03 Just to wherever. I'm not going in any particular direction.
그냥 아무데나. 특정하게 어느 곳으로 가고 있는 건 아냐.

어휘 / 표현정리

- legendary 전설적인
- libera 아끼지 않는
- awesome 멋진, 끝내주는
- be headed (for) (~로) 향하다
- return 반납하다
- wherever 아무데나

Season 1 Episode 03

05 You wanna mess, pal?

이봐, 한판 붙을까?

#01 Hey, back off. I don't want to hurt you.
야, 물러서. 나 너 다치게 하고 싶지 않아.

#02 Why not? Let's see what you've got.
당연하지. 어디 한번 네 실력 좀 보자.

#03 I don't want to mess with you. Just leave me alone.
너랑 붙고 싶지 않아. 그냥 날 내버려 둬.

06 You're missing out on a valuable life lesson.

넌 소중한 삶의 교훈을 놓치고 있어.

#01 I'm not missing out on anything here.
나 여기서 아무 것도 놓치는 거 없어.

#02 Hey, I don't need you to teach me how to live, okay?
어이, 네가 내게 사는 방식을 알려주는 건 필요 없어, 알았지?

#03 Save it. I know what's important in life.
그만 해. 나도 삶에서 중요한 게 뭔지 알아.

어휘 / 표현정리

- **mess (with)** 까불다, 후려갈기다
- **miss out on** (기회를) 놓치다, 잃다
- **Back off!** 물러서!
- **leave someone alone** ~를 내버려 두다
- **pal** 이봐 (뉘앙스에 따라 다소 건방진 호칭 표현)
- **Save it!** 그만해!

다음 각 A와 B의 대화문 빈칸에 들어갈 적절한 표현을 넣어보세요.
잘 기억이 나지 않는다고요? 그럼 앞으로 돌아가서 다시 복습하세요!

1. A : ______________________________
   우리 모두는 이 바에서 어울려 놀고는 했어.
   B : Did you? I used to come here a lot, too.
   그랬니? 나도 여기 자주 오고는 했었는데.

2. A : ______________________________
   이봐, 한판 붙을까?
   B : Hey, I'm not afraid to fight you. Bring it on!
   어이, 난 너랑 싸우는 거 두렵지 않아. 덤벼봐.

3. A : Jack! ______________________________
   잭! 너 어디로 가는 길이니?
   B : I'm headed for work. I'm running late.
   일하러 가는 길이야. 나 늦었어.

4. A : ______________________________
   셔츠 집어넣어라. 너 좀 음산해 보여.
   B : I never tuck in my shirt. That's what only old men do.
   난 절대 셔츠 집어넣어서 안 입어. 그건 늙은이들이나 그러는 거야.

5. A : Suit up! We're going to a party. ______________
   양복 입어. 우리 파티에 갈 거야. 전설로 기록될 만큼 끝내줄 거라고.
   B : I hope so. I could use a great party now.
   나도 그랬으면 좋겠다. 나 지금 멋진 파티가 필요해.

6. A : Pay attention, Ken. ______________________
   집중해, 켄. 넌 소중한 삶의 교훈을 놓치고 있어.
   B : You call this a valuable life lesson? It's just a bunch of crap. 넌 이걸 보고 소중한 삶의 교훈이라고 하는 거야? 그건 완전 헛소리들뿐이라고.

01 I have so many fond memories of her.

난 그녀에 대한 좋은 기억들이 많았어.

#01 Then, why did you dump her?
그러면, 그녀를 왜 차버린 건데?

#02 Me, too. She was such a loverly person.
나도 그래. 그녀는 정말 사랑스러운 사람이었지.

#03 Oh, this is getting interesting. Go ahead. I'm ready to listen.
오, 이거 재미있어지는데. 계속 말해 봐. 나 들을 준비됐어.

02 Why would she hang up on you?

왜 그녀가 너 말하는 도중에 전화를 끊었을까?

#01 I don't know. Maybe, she just didn't want to talk to me.
모르겠어. 아마 그냥 나랑 얘기하는 게 싫었나 보지.

#02 I haven't the faintest idea.
전혀 모르겠어.

#03 I think I might have said something wrong.
아마 내가 뭔가 말을 잘못했을 것 같다는 생각이 들어요.

어휘 / 표현정리

- fond memory of a person ~에 대한 좋은 기억
- dump ~를 차버리다
- I might have + p.p 내가 ~을 했을지도 모르겠다
- faint 어렴풋한, 희미한
- get interesting 재미있어지다
- hang up on (말하고 있는데) 전화기를 끊다

03 Did she cry her eyes out?

그녀가 눈이 퉁퉁 붓도록 울었어?

#01 Yes, she did. She wasn't expecting a break up.
응, 그랬어. 그녀는 헤어짐을 예상하고 있지 않았어.

#02 No, she cried a little, but she took the news very well.
아니, 약간 울었지만 그 소식을 아주 잘 받아들였어.

#03 Your guess is as good as mine.
나도 잘 모르겠다.

04 I'm gonna make this right.

나 이 일을 바로잡겠어.

#01 How are you going to do that?
어떻게 바로잡을 건데?

#02 Good luck! I really hope you can make it right.
행운을 빌어, 정말 네가 일을 바로 잡았으면 좋겠어.

#03 That's the spirit. Nothing's too late.
바로 그 정신이야. 아무것도 늦은 것은 없다고.

어휘 / 표현정리

- expect 예상하다
- cry one's eyes out 눈이 퉁퉁 불 정도로 울다
- break-up 헤어짐, 이별
- make something right 무언가를 바로 잡다
- Your guess is as good as mine.(=I don't know.) 나도 몰라.

Season 1

Episode 04

05 I have to break up with her.

나 걔랑 헤어져야 해.

#01 Okay. Just don't do it over the phone. That will hurt her.
전화로 헤어지자고 말하지는 마. 그러면 걔가 상처받을 거야.

#02 Why? You guys are great together.
왜? 너희 함께 있으면 굉장히 좋아 보이는데.

#03 What? For real? Are you seeing someone else?
뭐? 정말로? 너 다른 애 만나고 있는 거야?

06 That's such a cliche.

그건 너무 진부한데. / 그건 너무 뻔한데.

#01 I thought you loved cliches.
난 네가 뻔한 것 좋아하는 줄 알았는데.

#02 Yeah, I think so, too. It's a little cliche.
그래, 나도 그렇게 생각해. 그게 좀 진부하지.

#03 It's not a cliche. It's a classic.
그건 진부한 게 아니야. 그건 걸작이라고.

어휘 / 표현정리

- **break up (with)** ~와 헤어지다
- **be seeing someone** ~와 만나다(사귀다)
- **For real?(=Really?)** 정말로?
- **cliche** 진부한 것, 뻔한 것

다음 각 A와 B의 대화문 빈칸에 들어갈 적절한 표현을 넣어보세요.
잘 기억이 나지 않는다고요? 그럼 앞으로 돌아가서 다시 복습하세요!

1. A : Do you remember Jenny, the girl next door?
   너 옆집에 살던 제니라는 애 기억하니?

   B : Sure. ______________________________
   물론이지. 난 그녀에 대한 좋은 기억들이 많았어.

2. A : ________________ I can't stay with her just to be nice.
   나 걔랑 헤어져야 해. 그냥 상처주기 싫어서 만남을 지속할 순 없어.

   B : All right. But you have to do it face to face.
   알았어. 하지만 직접 얼굴 보고 헤어지자고 말해.

3. A : I will give her flowers, take her out to dinner and a movie.
   난 그녀에게 꽃을 주고, 저녁식사에 데려가고 영화 보러 갈 거야.

   B : Oh, ______________ Do something surprising for her.
   아, 그거 너무 뻔하잖아. 그녀를 위해 뭔가 놀랄만한 걸 해봐.

4. A : I called her but she hung up on me.
   그녀에게 전화를 걸었었는데, 그냥 전화를 끊어버리네.

   B : ______________________________________
   왜 그녀가 말하는 도중에 전화를 끊었을까?

5. A : You blew up everything.
   네가 모든 걸 망쳤어.

   B : I know, but ______________________ Just wait and see.
   나도 알아, 하지만 이 일을 바로 잡겠어. 그냥 지켜보라고.

6. A : I told Jane that I want to break up with her.
   제인에게 그녀와 헤어지고 싶다고 말했어.

   B : Oh, poor girl. ____________________________
   아, 불쌍한 여자 같으니. 걔 눈이 퉁퉁 붓도록 울디?

01 Why does he even ask?

쟤 뭐 하러 물어보는 거야?

Yeah. He's just going to tell us his story anyway.
그러게. 쟤 어차피 자기 얘기 우리한테 그냥 말할 걸.

That's exactly my point. He won't listen to us anyway.
내 말이 그 말이야. 어차피 우리 얘기는 듣지도 않을 걸.

He just wants to make sure that he asked for our opinions.
우리에게 의견을 물어봤다는 걸 확실히 하고 싶은 거야.

02 So you guys are in.

그럼 너희도 끼는 거다.

Yes, we are in. We just can't wait to go there.
응, 우리도 낄게. 우리 거기 가고 싶어서 안달 났어.

Sure. This is the concert we've been waiting for a long time.
물론이지. 이건 우리가 오랜 시간 동안 기다려온 콘서트야.

Sure, why not? Can we invite John and Susan? They'd love to go there, too.
물론이지, 왜 안 끼겠어? 우리 존이랑 수잔을 초대해도 될까? 걔들 역시 거기 가고 싶어 할 거야.

어휘 / 표현정리

- be in ~에 참여하다, ~에 끼다
- can't wait to + V ~하고 싶어 안달 나다
- That's exactly my point.(=That's exactly what I mean.)
  내 말이 바로 그거야.

03 **Let's hit it.**

어서 가자. / 출발하자.

#01 All right. It's going to be legendary.
좋았어. 전설로 기록될 만큼 끝내 줄 거야!

#02 Okay, let's go. I'm so looking forward to tonight's party.
그래, 가자. 오늘 밤 파티가 너무 기대된다.

#03 Hold on a second. I have to go to the bathroom.
잠깐만 기다려봐. 나 화장실 가야겠어.

04 **I will grind with her all night.**

밤새 그녀랑 부비부비 춤 춰야지.

#01 Get a grip. She's out of your league.
정신 차려. 너랑은 노는 물이 다른 애야.

#02 Yeah, only if she accepts.
그래, 그녀가 허락하면 말이지.

#03 Go. Show me if you can really grind with her.
가봐. 정말 그녀랑 부비부비할 수 있는지 내게 보여줘 봐.

어휘 / 표현정리

- **look forward to** ~을 기대하다
- **get a grip** 정신 차려, 꿈 깨
- **out of one's league** 노는 물이 다른, 수준이 다른
- **legendary** 전설적인
- **Let's hit it.(=Let's hit the road.)** 어서 가자. 출발하자.
- **grind** 부비부비하다

05 I'm a little foggy on the details.

자세한 내용은 기억이 좀 희미하네.

#01 Think hard, and tell us what happened next.
잘 생각해보고, 다음에 무슨 일이 있었는지 말해줘.

#02 Oh, come on. We'd love to hear the details of the story.
아, 왜 그래. 우린 그 이야기 자세한 내용을 듣고 싶다고.

#03 I understand. You were only 10 when it happened.
이해해. 그 일이 일어났을 때 너 겨우 10살이었잖아.

06 He just ditched out on our own party.

그가 우리 파티를 버리고 가버렸어.

#01 Really? He just bailed out?
정말? 그냥 가버린 거야?

#02 I can't believe he did that. Do you know where he went afterwards?
그가 그랬다니 믿을 수가 없네. 그가 그리고서 어디 갔는지 알아?

#03 Without even telling you? Oh, he is so dead.
너한테 말도 하지 않고? 오, 걔 완전 죽었어.

어휘 / 표현정리

- **bail out** 빠져나가다, 도망치다
- **ditch (out)** 버리고 빠져나가다
- **detail** 세부사항
- **foggy** 희미한, 어렴풋한

다음 각 A와 B의 대화문 빈칸에 들어갈 적절한 표현을 넣어보세요.
잘 기억이 나지 않는다고요? 그럼 앞으로 돌아가서 다시 복습하세요!

1. A : We think it would be fun to hang out with you tonight.
   오늘 밤 너희랑 어울려 놀면 재미있을 것 같단 생각이 들어.
   B : Good. ____________________ Let's meet up at 7 p.m.
   좋아. 그럼 너희도 끼는 거다. 저녁 7시에 만나자.

2. A : You're not going to believe this. ____________________
   너 이거 믿지 못할 거야. 그가 우리 파티를 버리고 가버렸어.
   B : Really? Then, where is he now?
   정말로? 그럼 걔 지금 어디 있는 거니?

3. A : ____________________ He always sticks to his ideas.
   걔 뭐 하러 물어보는 거야? 걔 항상 자기 생각을 고수하잖아.
   B : You're right. He never listens to others.
   맞아. 걘 절대로 다른 사람 말 안 들어.

4. A : Check out that girl over there. ____________________
   저기 저 여자 좀 봐봐. 밤새 쟤랑 부비부비 춤 춰야지.
   B : No chance. It looks like she has a boyfriend.
   가능성 없어. 쟤 남친 있는 것처럼 보이는데.

5. A : It's already 7 now. ______________ We're running late.
   벌써 7시네. 출발하자. 우리 늦었어.
   B : Just one second. I have to go get my wallet.
   잠깐만. 나 가서 지갑 가져올게.

6. A : Can you explain what happened more clearly?
   좀 더 명확하게 무슨 일이 있었는지 설명해 줄래요?
   B : I want to, but ____________________________________
   저도 그러고 싶지만, 자세한 내용은 기억이 좀 희미하네요.

Season 1

Episode 06

01 Do they rule?

그것들 (그들) 끝내주디?

#01 Yes, they rule! They are the greatest rock band in America. 응, 최고야! 그들은 미국에서 가장 위대한 록 밴드라니까.

#02 Yes, they do. You've got to see them yourself. They really rock! 응, 끝내줘. 너 직접 봐야해. 정말 죽여준다니까.

#03 Well, to be honest, they suck. Really really suck.
음, 솔직히 말해서 구렸어. 정말 정말로 구렸어.

02 We're not really ready to go public yet.

우린 정말 아직 공개적으로 사귈 준비가 되지 않았어.

#01 Why? Is the girl you're seeing married?
왜? 네가 만나고 있는 여자 유부녀야?

#02 When do you think you'll be ready to go public?
언제 공개적으로 사귈 준비가 될 거라고 생각하는 거야?

#03 Oh, come on. Trot out your new girl. Let us evaluate her behind your back. 오, 그러지마. 네 새 여친을 자랑스럽게 보여줘. 네 뒤에서 우리가 그녀에 대해 평가하게 해 줘.

어휘 / 표현정리

- rule(=rock) 끝내주다, 멋지다
- have got to ~해야만 한다
- evaluate 평가하다
- trot out 자랑스럽게 내보이다
- suck 구리다, 형편없다
- be ready to ~할 준비가 되다
- go public 공개적으로 알리다

03 We had this instant connection.

우리는 바로 통하는 게 있었어.

#01 Oh, really? Was it love at first sight?

오, 정말? 첫눈에 반한 사랑이야?

#02 So, did she give you her number?

그럼, 그녀가 네게 자기 전화번호 줬어?

#03 That's interesting. What did you guys do after that?

재밌네. 그 후에 너희 둘 뭐했니?

04 I have to pee.

나 오줌 싸야 해!

#01 Hold it. I will pull up the car around that corner.

참아! 저 코너 근처에서 차를 세울게.

#02 There's a bathroom down the aisle.

복도 아래쪽에 화장실이 있어.

#03 Okay. Hurry up. We're running late.

알았어. 서둘러. 우리 늦었어.

어휘 / 표현정리

- run late 늦다 • have an instant connection 바로 통하다
- pee 소변 보다 • pull up (차를) 세우다 • love at first sight 첫눈에 반한 사랑

Season 1

Episode 06

05 Go to hell.
지옥에나 가버려.

#01 Hey, I said I'm sorry. So please calm down.
야, 미안하다고 말했잖아. 그러니까 제발 진정 좀 해.

#02 Hey, watch your mouth.
야, 말조심해.

#03 You go to hell, asshole.
너나 지옥에 가버려, 똥구멍 같은 자식아.

06 I just got dumped.
니 방금 차였어.

#01 Man, that sucks.
저런, 안 됐다.

#02 Really? Jenny broke up with you?
정말? 제니가 헤어지자고 한 거야?

#03 Cheer up, man. It's not the end of the world.
기운 내, 친구. 세상이 끝난 것도 아니잖아.

어휘 / 표현정리

- hell 지옥
- calm down 진정하다
- get dumped 차이다
- break up with ~와 헤어지다
- asshole 개자식, 똥구멍 같은 놈
- Watch your mouth.(=Watch your language.) 말조심해.

다음 각 A와 B의 대화문 빈칸에 들어갈 적절한 표현을 넣어보세요.
잘 기억이 나지 않는다고요? 그럼 앞으로 돌아가서 다시 복습하세요!

1. A : Why didn't you tell me you had a girlfriend?
너 왜 여자친구 있다고 내게 말 안했니?
B : I didn't tell you because ______________________________
내 말 하지 않은 건 우리가 정말 공개적으로 사귈 준비가 되지 않았기 때문이었어.

2. A : I went to Pussycat Dolls' concert last night?
나 어젯밤에 푸시켓 돌스 콘서트에 갔었어.
B : Wow, really? ______________________________
왕, 정말로? 그들 끝내주디?

3. A : I heard you got dumped. I told you. She was too good for you. 네가 차였다는 얘기 들었어. 내가 말했잖아. 걘 너한테 과분했다니까.
B : Shut up! ______________ Don't you ever talk to me again.
닥쳐! 지옥에나 가버려. 내게 다시는 말 걸지 마.

4. A : How did the blind date go last night?
어젯밤 소개팅 어떻게 됐니?
B : It was great. ______________ We will meet again tonight.
좋았어. 우리는 바로 통하는 게 있었어. 우리 오늘 밤 다시 만날 거야.

5. A : Hey, what's the problem? Why so blue?
야, 무슨 문제야? 왜 그렇게 우울해?
B : ______________ by my girlfriend. I don't know what to do.
나 방금 여자친구한테 차였어. 뭘 해야 할지 모르겠다.

6. A : Can I use your bathroom? ______________________________
거기 화장실 좀 사용해도 될까요? 저 소변 봐야 해요.
B : Sorry. The bathroom is for paying customers only.
죄송합니다. 화장실은 유료 고객만을 위한 겁니다.

Season 1 Episode 07

01 I'm not going to a matchmaker.
난 결혼 중매인한테는 가지 않을 거야.

#01 Me, neither. That's like giving up on finding true love.
나도. 그건 마치 진실한 사랑을 찾는 걸 포기하는 것과 같잖아.

#02 But you're already 35, and girls don't like you.
하지만 넌 벌써 35살이고, 여자들은 널 싫어하잖아.

#03 Don't get me wrong, but if you don't go to a matchmaker, you will never be able to get married. 내 말 오해하지는 마. 하지만 네가 중매인한테 안 간다면, 넌 절대 결혼을 할 수 없을 거야.

02 I will nail them and never call them again.
개들하고 잔 다음에 절대로 전화하지 않는 거지.

#01 Hey, only jerks do that kind of stuff to women.
야, 오직 머저리들만 여자들한테 그런 짓을 하는 거야.

#02 Hey, you should not treat women that way.
야, 여자들을 그런 식으로 대하면 안 돼.

#03 That's exactly what I used to do when I was young.
그게 바로 어렸을 때 내가 했던 짓이지.

어휘 / 표현정리

- nail ~와 자다, 관계하다
- matchmaker 중매인
- get married 결혼하다
- Don't get me wrong. 내 말 오해하지 마.
- That's like ~ing 마치 ~하는 것과 같다
- give up 포기하다
- jerk 머저리

03 Do you take credit cards?
신용카드도 받나요?

#01 Yes, we take Visa and Master card.
네, 비자와 마스터 카드를 받습니다.

#02 Yes, but I will give you 10% off if you pay in cash.
네, 하지만 현금으로 내시면 10% 할인해 드릴게요.

#03 No, we don't accept credit cards.
아니요, 저희는 신용카드는 받지 않습니다.

04 It's been stuck in my head ever since I heard it. 그걸 들은 후부터 머릿속에서 떠나지를 않아.

#01 Yeah, the song is really catchy.
응, 노래가 정말로 입에 잘 붙어.

#02 It's addictive. I can't wait to listen to their new album.
중독성이 있지. 그들의 새 앨범을 빨리 듣고 싶어.

#03 Well, that's why it's the greatest song ever.
음, 바로 그게 이 노래가 최고인 이유지.

어휘 / 표현정리

- catchy 외우기 쉬운, 입에 잘 붙는
- be stuck 박혀 있다
- addictive 중독성의
- I can't wait to + V 빨리 ~하고 싶다
- pay in cash 현금으로 지불하다
- take 받다

Season 1

Episode 07

05 It was a long shot.

승산이 별로 없었어.

#01 Yeah, you stood no chance.

응, 넌 가능성이 없었어.

#02 But it was worth taking the shot, wasn't it?

하지만, 시도는 해볼 만 했잖아, 그렇지 않니?

#03 The important thing is that you gave it a go. I'm proud of you.

중요한 건 네가 시도를 해봤다는 거야. 네가 자랑스러워.

06 I want my money back.

내 돈 돌려줘요.

#01 Now? But I don't have any money on me.

지금? 하지만 나 수중에 돈 가진 게 없는데.

#02 Sue me!

배 째! / 어쩔 건데!

#03 What are you talking about? I don't owe you any money.

무슨 소리하는 거야? 난 너한테 돈 빚진 거 없어.

어휘 / 표현정리

- **stand no chance** 가능성이 없다
- **give it a go** 한 번 해보다
- **be proud of** ~가 자랑스럽다
- **long shot** 모험을 건 도박, 승산이 없는 시도
- **It's worth ~ing** ~을 해볼 만한 가치가 있다
- **Sue me!** 배 째!, 고소해!, 어쩔 건데!

다음 각 A와 B의 대화문 빈칸에 들어갈 적절한 표현을 넣어보세요.
잘 기억이 나지 않는다고요? 그럼 앞으로 돌아가서 다시 복습하세요!

1. A : ______________________________ I'm not that desperate!
   난 결혼 중매인한테는 가지 않을 거야. 난 그렇게 절망적이지 않다고.
   B : Why? Matchmakers can set you up with nice people.
   왜? 결혼 중매인은 널 괜찮은 사람들하고 엮어줄 수 있다고.

2. A : I will meet many sexy girls there. ____________________
   나 거기서 많은 섹시 여성들을 만날 거야. 걔들하고 잔 다음에 절대로 전화하지 않는 거지.
   B : Yeah, in your dreams.
   그래, 퍽이나 가능하겠다.

3. A : ____________________________ You owe me 3,000 dollars.
   내 돈 돌려줘요. 나한테 3,000달러 빚진 거 있잖아요.
   B : What? I only borrowed 200 dollars from you.
   뭐라고? 난 너한테 200달러밖에 안 빌렸어.

4. A : I'll take this. ______________________________________
   저 이거 살게요. 신용카드도 받나요?
   B : No, sir. We only take cash.
   안 받습니다. 저희는 오직 현금만 받습니다.

5. A : What song are you humming?
   너 무슨 노래 흥얼거리는 거야?
   B : I don't know, but ____________________________________
   모르겠어. 그걸 들은 후로부터 머릿속에서 떠나지를 않네.

6. A : I'm sorry I failed. __________________________________
   실패해서 미안해. 승산이 별로 없었어.
   B : Hey, cheer up. It was worth a try. Good job.
   야, 기운 내. 시도해 볼 만한 가치는 있었잖아. 잘했어.

01 You're much prettier in person.
실물이 훨씬 예쁘시군요.

#01 Thank you. Actually, I get that a lot.
고마워요. 사실 저 그런 말 많이 들어요.

#02 Thanks. So are you. I guess we both are not photogenic.
고마워요. 당신도 그래요 우리 둘 다 사진발이 안 받나 봐요.

#03 Oh, is that a compliment?
오, 그거 칭찬인가요?

02 Why is that girl checking you out?
저 여자 애 널 쳐다보고 있는 거지?

#01 Because I look good.
왜냐면 내가 멋있어 보이니까.

#02 Because she has a thing for me. I'm gonna go talk to her.
왜냐면 저 여자 날 좋아하거든. 가서 말 걸어야지.

#03 I don't know. Maybe she thinks I'm handsome.
나도 모르겠어. 아마도 내가 잘생겼다고 생각하나 보지.

어휘 / 표현정리

- in person 실물로
- compliment 칭찬
- photogenic 사진발이 잘 받는
- check out (이성을) 확인하다, 쳐다보다
- get that a lot 그 말 많이 듣다
- have a thing for ~를 좋아하다

03 They're edging you out.

그들은 너를 쫓아내고 있는 중이야.

#01 That's crazy. They're not edging me out. They both are my best friends. 말도 안 되는 소리! 걔들은 날 쫓아내는 게 아냐. 걔들은 둘 다 내 절친이라고.

#02 Yeah, I think so, too. Do you have any advice for me?
응, 나도 그렇게 생각해. 날 위해 조언해 줄 거 없어?

#03 No, they wouldn't do that to me.
아니, 걔들은 나한테 그런 짓을 할리가 없어.

04 Put it on my tab.

내 앞으로 달아놔. / 내 계산서에 올려.

#01 Oh, really? Are you buying?
오, 정말? 네가 쏘는 거야?

#02 Thank you. Can my friends put their drinks on your tab?
고마워. 내 친구들 음료수도 네가 사주면 안 될까?

#03 Are you sure you can pay for all this?
너 정말 이거 다 돈 낼 수 있는 거야?

어휘 / 표현정리

- **put on one's tab** ~의 계산서에 올리다
- **Are you sure ~ ?** 너 ~를 확신하니?
- **crazy** 미친, 말도 안 되는
- **edge out** ~를 쫓아내다

Season 1 Episode 08

05 What's he PMSing about?

쟤 왜 저렇게 신경질적으로 짜증 부리는 거야?

#01 I don't know, but I will talk to him later.
나도 모르겠어, 하지만 내가 나중에 얘기해 볼게.

#02 Well, I guess he doesn't like me hanging out with you.
음, 내가 너랑 어울려 노는 게 싫은 가보다.

#03 Maybe, he got up on the wrong side of the bed.
아마도, 오늘 일진이 좋지 않은 것 같아.

06 We could flip a coin.

동전 던져서 결정하자.

#01 Yeah, let's flip a coin. Heads or tails?
그래, 동전 던져서 결정하자. 앞면 할래, 뒷면으로 할래?

#02 I have a coin here. Do you want to flip it?
나 여기 동전 있어. 네가 던질래?

#03 Good idea. I will pick heads.
좋은 생각이야. 난 앞면으로 할래.

어휘 / 표현정리

- **get up on the wrong side of the bed** 일진이 좋지 않다, 저기압이다
- **PMS(=Premenstrual Syndrome**생리 전 증후군)
  ⓥ 신경질적으로 행동하다, 짜증 부리다
- **hang out** ~와 어울리다

다음 각 A와 B의 대화문 빈칸에 들어갈 적절한 표현을 넣어보세요.
잘 기억이 나지 않는다고요? 그럼 앞으로 돌아가서 다시 복습하세요!

1. A : Do you guys want beers?
   거기 맥주 드실래요?

   B : Sure. Please ____________________ I will pay for both us.
   물론이죠. 내 앞으로 달아 주세요. 제가 우리 둘 거 모두 낼게요.

2. A : I took lots of pictures there. Do you want to take a look?
   나 거기서 사진을 엄청 찍었어. 너도 볼래?

   B : Sure. Wow, it all came out well, but I think ____________
   물론이지. 와우, 모두 잘 나왔네. 하지만 너 실물이 더 예쁘다.

3. A : The boss is shouting at everyone today.
   상사가 오늘 모든 사람들한테 소리치네.

   B : Yes, I can see that. ______________________________
   응, 그러게. 왜 저렇게 신경질적으로 짜증 부리는 거야?

4. A : Hey, look. ______________________________________
   야, 봐봐. 저 여자 왜 널 쳐다보고 있는 거지?

   B : You call that a question? She is checking me out cuz I'm hot! 그걸 질문이라고 하냐? 내가 섹시하니까 쳐다보는 거지.

5. A : John and Julie seem to be avoiding me these day.
   존과 줄리가 요즈음 날 피하는 것 같아.

   B : ________ They don't want to hang out with you anymore.
   걔들 널 쫓아내고 있는 중이야. 더 이상 너랑 어울리기 싫은 거지.

6. A : Who's going to take a shot first?
   누가 먼저 시도 할래?

   B : ______________________________________ Heads or tails?
   동전 던져서 결정하자. 앞면, 뒷면?

01 I just ralphed.
나 방금 토했어.

#01 How much did you drink last night?
도대체 어제 얼마나 마신 거야?

#02 Are you okay? You look like hell.
너 괜찮니? 너 꼴이 말이 아니야.

#03 Oh, my god! Did you ralph all over my carpet?
오, 세상에! 너 내 카펫에 온통 토해 버린 거야?

02 I'm so psyched.
나 너무 신나고 좋아. / 나 너무 흥분돼.

#01 Me, too. I've never been excited like this before.
나도 그래. 나 전에 이렇게 흥분됐었던 적이 없다고.

#02 You should be. It's the day before your birthday!
당연히 흥분이 되어야지! 오늘이 네 생일 하루 전날이잖아!

#03 What are you psyched about? Your new car?
뭐가 그렇게 신나고 좋니? 네 새 자동차?

어휘 / 표현정리

- **ralph** 토하다 • **look like hell** 꼴이 말이 아니다 • **psyched** 흥분되고 신난
- **I've never been + p.p** 난 결코 ~되었던 적이 없다

03 Get your butts out here.
당장 여기로 와!

#01 I'm on my way!
가고 있는 중입니다.

#02 I can't. I'm busy doing something right now.
못 가. 나 지금 뭐 하느라고 바빠.

#03 Don't talk to me like that. You're not my boss.
나한테 그런 식으로 얘기하지 마. 당신 내 상사도 아니잖아.

04 Don't take this the wrong way.
이 말 오해하지는 마.

#01 Don't worry. I will let it go in one ear and out the other.
걱정하지 마. 그 말 한 귀로 듣고, 한 귀로 흘릴게.

#02 Well, I'm already offended by that comment.
글쎄, 이미 그 말로 기분이 상했어.

#03 I will not take that the wrong way, but I hope you were joking.
오해하지는 않을게, 하지만 네가 농담한 거였으면 좋겠네.

어휘 / 표현정리

- butt 엉덩이
- on one's way 가고 있는 중인
- busy ~ing ~하느라 바쁜
- be offended 기분이 상한
- take something the wrong way 오해하다, 잘못 받아들이다

05 I don't fit in here.

난 이곳에 맞지 않아.

#01 Then, where do you think you fit in?
그럼, 넌 네가 어디에 맞는다고 생각하는 건데?

#02 What makes you think so? Everyone here loves you.
왜 그렇게 생각하는 건데? 여기 모든 사람들이 널 좋아해.

#03 Well, I think that depends on how much you try.
음, 그건 네가 얼마나 노력하느냐에 달린 것 같은데.

06 I'm stuffed.

너무 먹어서 배가 터질 것 같아.

#01 Yeah, you really ate a lot. Are you trying to gain weight?
응, 너 정말 많이 먹었어. 너 살찌려고 하는 거야?

#02 Me, too. We really pigged out in that restaurant.
나도 그래. 우리 저 식당에서 정말 너무 먹었어.

#03 Do you want to go outside and take a walk?
밖에 나가서 산책할래?

어휘 / 표현정리

- fit in ~에 맞다, 어울리다
- depend on ~에 달려있다
- pig out 폭식하다
- stuffed 꽉 찬, 배부른
- gain weight 살을 찌우다
- take a walk 산책하다

다음 각 A와 B의 대화문 빈칸에 들어갈 적절한 표현을 넣어보세요.
잘 기억이 나지 않는다고요? 그럼 앞으로 돌아가서 다시 복습하세요!

1. A : You have a blind date tomorrow, right?
   너 내일 소개팅 있지, 그렇지?
   B : Yeah, ________________________________ I can't wait!
   응, 나 너무 흥분돼. 기다릴 수가 없다고!

2. A : How about another helping of these pancakes?
   이 팬케이크 한 접시 더 드시겠어요?
   B : No, thanks. ________________________________
   아뇨. 괜찮아요. 너무 먹어서 배가 터질 것 같아요.

3. A : Oh, shit. It stinks in here. What happened?
   아, 젠장. 여기 냄새가 왜 이렇게 구려. 무슨 일이야?
   B : ____________________________ all over the floor. Sorry.
   내가 방금 바닥에 토했어. 미안해.

4. A : ____________ I don't have anything common with them.
   난 이곳에 맞지 않아. 저들하고 공통점이 아무것도 없어.
   B : So, are you just going to walk away? Make yourself a loser? 그래서 그냥 그렇게 가버리겠다는 거야? 널 실패자로 만들라고?

5. A : We all want you here. ____________________________
   우리 모두 네가 여기 있길 원해. 당장 여기로 와!
   B : Do you have any idea what time it is now? Are you drunk?
   너 지금 몇 신지 알고는 있냐? 너 취했어?

6. A : ____________________ but you are not good at fighting.
   이 말 오해하지는 마. 근데 너 싸움 못하잖아.
   B : Yeah, I know. That's why I never fight.
   응, 나도 알아. 그래서 내가 절대 싸움 안 하잖아.

Season 1 Episode 10

01 This is on the house.

이건 공짜로 드리는 겁니다.

#01 Wow, thank you.
와, 고마워요.

#02 Really? Muchas gracias.
정말요? 매우 감사해요.

#03 Wow, you rock!
와우! 사장님 최고에요!

02 Someone get him a shot.

누가 이 친구 한 잔 가져다 줘.

#01 Coming right away.
바로 갖다 드리겠습니다.

#02 I don't think it's a good idea. He looks already drunk.
좋은 생각 같지 않은데. 걔 이미 취한 것 같아.

#03 No, it's okay. I drank enough.
아냐, 괜찮아. 나 충분히 마셨어.

어휘 / 표현정리

- **on the house** 공짜인, 무료인
- **rock** 끝내주다, 훌륭하다
- **shot** 술 한 잔
- **Muchas gracias.** (미국인들이 자주 쓰는 스페인어) 매우 감사해요.

03 I never pictured it going down this way.

일이 이런 식으로 풀릴지는 상상도 못했네.

#01 Me, neither. Life is full of un-expected things.

나도 그래. 삶이란 게 예상치 못했던 일투성이네.

#02 Tell me about it. It really surprised me, too.

내 말이 그 말이야. 나도 정말 놀랐다고.

#03 Yeah, who would have known that she would dump you?

응, 그녀가 널 차버린 줄 누가 알았겠어?

04 Do you mind if I swing by?

내가 잠깐 들려도 괜찮을까?

#01 Sure. Come on over.

물론이지. 와.

#02 No. That's fine.

응. 괜찮아.

#03 Of course not. How long do you think it will take to get here?

물론 괜찮지. 여기 도착하는데 얼마나 걸릴 것 같니?

어휘 / 표현정리

- dump ~를 차버리다
- mind 꺼리다
- swing by (잠깐) 들리다
- picture 상상하다
- go down (일이) 풀리다, 진행되다
- Tell me about it.(=You're telling me. / You said it.) 동감이야.

05 I just turned off my brain for the night.

그날 밤 그냥 정신을 놔버렸어.

#01 That still doesn't explain your weird behavior last night.
그래도 여전히 어제 네 이상한 행동을 설명해주지 못해.

#02 Well, seems like it hasn't rebooted yet.
음, 아직 리부트가 안 된 것 같은데. / 여전히 정신을 놓은 것 같은데.

#03 Yeah, I didn't know you could go that wild at the club.
응, 네가 클럽에서 그렇게 열광할 줄은 나도 몰랐다.

06 You had a long night.

너 밤 샜잖아.

#01 Yeah, it was the worst night ever.
응, 정말 최악의 밤이었어.

#02 Yeah, I had a long night of partying. I need to go to bed now.
응 밤새 파티하고 놀았어. 나 이제 자러 가야 해.

#03 Hell, yeah. I had a long night of dancing. I had so much fun.
정말 밤 샜지. 밤새 춤췄다고. 정말 즐겁게 보냈어.

어휘 / 표현정리

- reboot 리부팅 하다 (프로그램을 다시 돌리다)
- have a long night of ~ing 밤새 ~을 하다
- (It) seems like ~처럼 보인다
- turn off 끄다
- behavior 행동
- weird 이상한, 괴상한

다음 각 A와 B의 대화문 빈칸에 들어갈 적절한 표현을 넣어보세요.
잘 기억이 나지 않는다고요? 그럼 앞으로 돌아가서 다시 복습하세요!

1. A : ______________ You should go home and get some rest.
   너 밤 샜잖아. 너 집에 가서 좀 쉬어야지.
   B : No, it's okay. I'm not tired at all.
   아니, 괜찮아. 전혀 피곤하지 않아.

2. A : ____________________ and went crazy. It was such a fun.
   그날 밤 그냥 정신을 놔버리고 미치게 놀았어. 정말 재미있었지.
   B : Yeah, we really had a good time.
   응, 우리 정말 재미있게 놀았지.

3. A : Hey, I'm in the neighborhood. ________________________
   야, 나 지금 근처에 와있거든. 내가 잠깐 들려도 괜찮을까?
   B : Not at all. Come on over.
   괜찮고말고. 놀러와.

4. A : ______________________________ He needs to drink more.
   이 친구 한잔 가져다 줘요. 이 친구 더 마셔야 할 것 같아요.
   B : Coming right away!
   바로 가져다 드릴게요.

5. A : Here's your coffee, and ____________________________
   여기 커피 가지고 왔습니다. 그리고 이건 공짜에요.
   B : Sweet potato cake! Thank you.
   고구마 케이크네요! 고마워요.

6. A : I heard that you got dumped. What a surprise!
   네가 차였다는 얘기 들었어. 정말 놀랐어.
   B : Yeah, I always wanted to be the one who dump her. ____
   ________________________ 응. 난 항상 내가 그녀를 먼저 차기를 원했는데. 일이 이런 식으로 풀릴지는 상상도 못했네.

Season 1
Episode 11

01 I've moved up in the world.
제가 출세 좀 했죠.

#01 You sure have. I'm so proud of you.
정말 그렇군요. 당신이 자랑스러워요.

#02 Chief Financial Officer? That's really impressing.
최고재무관리자라고요? 정말 놀랍군요.

#03 Yes, you have. I think the education helped you move up in the world.
그러네요. 그 교육이 당신이 출세하는 데 도움을 준 거 같아요.

02 I know what you're jonesing for.
네가 뭘 간절히 원하고 있는지 난 알고 있어.

#01 Really? What am I jonesing for?
정말? 내가 뭘 원하고 있는데?

#02 It doesn't matter whether you know it or not. Did you bring it for me?
네가 알고 모르고는 문제가 안 돼. 날 위해 가지고 왔어?

#03 Oh, you brought me some chocolate! This is exactly what I was jonesing for. Thank you.
오, 초콜릿 가지고 왔구나! 이게 바로 내가 원하던 거야! 고마워.

어휘 / 표현정리

- jones for ~을 간절히 원하다
- move up in the world 출세하다, 성공하다
- be proud of ~가 자랑스럽다

03 It's going to get nuts in there.

저 안은 열광의 도가니가 될 걸.

#01 Yeah, people will dance like crazy in there.
응, 저 안에서 사람들 아주 미친 듯이 춤출 거야.

#02 Absolutely. Let's go in and party all night long.
당연하지. 들어가서 밤새 파티를 즐기자!

#03 Wow, this club is awesome. Thanks for bringing me here.
와, 이 클럽 멋진데. 날 여기 데려와 줘서 고마워.

04 It's no big deal.

별거 아니야.

#01 But still, thanks a lot. You're the best.
아무리 그래도, 고마워. 네가 최고야.

#02 It's never been a big deal to you, but it's a big deal to me.
네게는 늘 별일이 아니었지만, 내게는 큰일이야.

#03 You're right. It's no big deal. I have to stop thinking about it.
네 말 맞아. 별거 아니야. 난 그 생각 멈춰야만 해.

어휘 / 표현정리

- **get nuts** 미치다, 열광하다
- **thanks for ~ing** ~해줘서 고마워
- **party** 파티, 파티를 하다
- **stop ~ing** ~하는 것을 멈추다

Season 1
Episode 11

05 Give it a rest.
그만 좀 해라.

#01 Give what a rest?
뭘 그만하라는 건데?

#02 Oh, sorry. I thought you were interested in hearing my story. 오 미안. 난 네가 내 얘기 듣는 거에 관심 있어 하는 줄 알았지.

#03 You're right. I talk about her too much. I need to give it a rest. 네 말이 맞아. 난 너무 그녀에 대해 많이 얘기해. 그만 해야지.

06 Cheers! Well said!
위하여(건배)! 너 말 잘하는구나!

#01 Thank you. Cheers!
고마워. 건배!

#02 Thanks. I talk well when I'm drunk.
고마워. 난 술 취하면 말을 잘해.

#03 I totally agree! Jack, I think you can become a great speaker.
완전 공감해. 잭, 너 훌륭한 연설가가 될 수 있을 거 같다.

어휘 / 표현정리

- Well said! 말 잘하는구나! / 말 한번 잘했다!
- be interested in ~에 관심 있다
- Cheers!(=Here's to~) ~을 위하여, 건배
- speaker 연설가

다음 각 A와 B의 대화문 빈칸에 들어갈 적절한 표현을 넣어보세요.
잘 기억이 나지 않는다고요? 그럼 앞으로 돌아가서 다시 복습하세요!

1. A : You have your own office? Are you for real?
   너 네 사무실도 있다고? 진심이야?

   B : Of course. I have my own office. ______________________
   물론이지. 나 내 개인 사무실도 있어. 내가 출세 좀 했지.

2. A : Thanks for the ride, Jack.
   태워다줘서 고마워요, 잭.

   B : Hey, __________________ I was headed this way myself.
   어이, 별거 아니야. 나도 어차피 이 길로 가는 길이었는데 뭐.

3. A : ________________ You're jonesing for some coffee, right?
   네가 뭘 간절히 원하는지 난 알고 있어. 너 커피를 원하지, 그렇지?

   B : Oh, you just read my mind.
   오, 딱 네 맘을 읽었구나.

4. A : Do you guys want to come in? ______________________
   너희 들어올래? 저 안은 열광의 도가니가 될 거야.

   B : No, we're good. We prefer somewhere more quiet.
   아니, 우린 괜찮아. 우린 좀 더 조용한 곳이 좋아.

5. A : One for all! All for one! Cheers!
   모두를 위한 하나! 하나를 위한 모두! 위하여!

   B : ____________________________________ Great speech!
   너 말 잘하는구나! 멋진 말이었어!

6. A : What if something bad happens to him? Oh, I'm so worried.
   뭔가 나쁜 일이 그에게 벌어지면 어쩌지? 아, 나 너무 걱정돼요.

   B : _____________ He is an adult. You're worrying about him too much. 그만 좀 해라. 걔도 성인이야. 너 너무 걔 걱정을 많이 해.

01 I should have a say in it.

나도 그 일에 한 마디 정도는 할 수 있다고 봐.

#01 Who said you can't? What is your opinion?
누가 못한다고 하던? 네 의견은 뭐니?

#02 Okay. Tell me what you think about this plan.
그래. 이 계획에 대해 넌 어떻게 생각하는지 내게 말해줘.

#03 Be my guest.
마음껏 말해봐.

02 It's a suicide mission.

그건 자살행위야. / 불가능한 일이야.

#01 Yeah, we're never gonna make it.
응, 우린 절대로 해낼 수 없을 거야.

#02 Don't worry. I will help you. We can pull this off.
걱정하지 마. 내가 도와줄게. 우리는 이걸 해낼 수 있어.

#03 Hey, be positive. You can make it happen.
이봐. 긍정적이 되어 봐. 넌 해낼 수 있어.

어휘 / 표현정리

- **have a say in** ~에 발언권을 가지다, 할 말을 하다
- **be my guest** (상대방의 요청에 동의할 때) 그렇게 하세요
- **make it(=pull it off / make it happen)** 해내다, 달성하다
- **suicide** 자살

03 Do you see how your story is full of holes? 너 네 얘기가 얼마나 모순투성인 줄 알아?

#01 Are you telling me that I'm lying?
너 지금 내가 거짓말하고 있다고 말하는 거니?

#02 Nope, I don't see any holes at all.
아니, 내 눈에는 전혀 허점이 안 보이는데.

#03 It's just because my memory is blurry. I'm telling you the truth. 그건 단지 내 기억력이 좀 희미해서 그런 거야. 난 네게 진실을 말하고 있다고.

04 It's your default setting.

그게 네 본성이야. / 그게 네 원래 모습이야.

#01 No, it's not. I'm a way better person than that.
아니, 그렇지 않아. 난 그것보다 훨씬 더 좋은 사람이라고.

#02 What do you mean? Do you mean it's my nature to be a coward?
무슨 뜻이야? 너 내가 겁쟁이 본성이 있다는 거야?

#03 No, it's not. I'm more active than you think I am.
그렇지 않아. 난 네가 생각하는 것보다 더 활동적이야.

어휘 / 표현정리

- **full of holes** 허점투성이인
- **blurry** 희미한
- **coward** 겁쟁이, 비겁한 사람
- **default** 애초의, 최초의

Season 1 Episode 12

05 It's going to be a tough sell.

설명하기 어려운 일일 거야. / 납득시키기 어려울 거야.

#01 Yeah, it's going to be really hard to convince him.
응, 그를 설득시키는 것은 굉장히 어려울 거야.

#02 Don't worry. I will do the talking.
걱정하지 마. 말은 내가 할게.

#03 You're a smooth talker. I'm sure they will buy you.
넌 말 잘하잖아. 그들이 네 말 믿을 거라고 난 확신해.

06 It's ALL about you.

넌 항상 너만 생각해.

#01 No, it's not. I'm not that selfish.
아니야, 그렇지 않아. 난 그렇게 이기적이지 않다고.

#02 Maybe it is. And I'm sorry if I made you feel left out.
그럴지도. 내가 널 소외감 느끼게 했다면 미안해.

#03 That's not true. I care about other people, too.
그렇지 않아. 난 다른 사람들도 생각한다고.

어휘 / 표현정리

- **tough sell** 설득하기 어려운 것
- **smooth talker** 달변가
- **feel left out** 소외감을 느끼다
- **selfish** 이기적인
- **buy** 믿다 cf) You don't buy me? 너 내 말 안 믿어?

다음 각 A와 B의 대화문 빈칸에 들어갈 적절한 표현을 넣어보세요.
잘 기억이 나지 않는다고요? 그럼 앞으로 돌아가서 다시 복습하세요!

1. A : It's my money, so ______________________________
   그건 내 돈이잖아. 그러니 나도 그 일에 한 마디 정도는 할 수 있다고 봐.

   B : Okay. What do you think we should buy?
   그래. 우리가 뭘 사야 한다고 생각하니?

2. A : We must finish this report by tomorrow.
   우리 내일까지 이 보고서 끝내야만 해요.

   B : What? ______________________ We can't make it!
   뭐라고요? 그건 불가능한 일이야. 우리는 해낼 수 없다고!

3. A : ______________________________
   납득시키기 어려울 거야.

   B : Yeah, it's not going to be easy, but I will try my best.
   응, 쉽지는 않겠지. 그래도 최선을 다할 거야.

4. A : ______________________________
   너 네 얘기가 얼마나 모순투성인 줄 알아?

   B : I can't remember everything. It just happened so fast.
   나도 모든 걸 기억할 수는 없는 거잖아. 너무 빠르게 일이 벌어졌다고.

5. A : You're the meanest person in the world. ____________
   넌 세상에서 가장 사악한 놈이야. 그게 네 본성이라고.

   B : No, it's not. I'm a very kind and caring person.
   아니, 그렇지 않아. 난 친절하고 정이 많은 사람이라고.

6. A : You never listen to me. ____________ I want a divorce.
   넌 절대 내 말을 안 듣는구나. 넌 항상 너만 생각해. 이혼해줘.

   B : Oh, honey. Please don't do this to me. I will change.
   아, 자기야. 나한테 이러지 마. 나 변할게.

How I met your mother
대답 속 필수 회화패턴 복습하기

01 Why didn't you + 동사 : 너 왜 ~하지 않은 거야?

Why didn't you **kiss her?** 왜 그녀에게 키스하지 않은 거야?

Why didn't you **call me last night?** 너 왜 어젯밤 내게 전화하지 않은 거야?

Speak Yourself! 너 왜 내게 진실을 말하지 않은 거야? (tell me the truth)

02 Do I look + 형용사 : 나 ~ 해 보이니?

Do I look **sketchy?** 내가 음산해 보이니?

Do I look **sad?** 내가 슬퍼 보이니?

Speak Yourself! 내가 켕기는 게 있어 보이니? (guilty)

03 It's going to be + 형용사 : 그건 ~일거야

It's going to be **difficult.** 그건 어려울 거야.

It's going to be **fun.** 그건 재미있을 거야.

Speak Yourself! 그건 쉬울 거야. (easy)

Answer 1. Why didn't you tell me the truth? 2. Do I look guilty? 3. It's going to be easy.

04 I don't need you to + 동사 : 네 ~ 따윈 필요 없어.

I don't need you to help me. 네가 날 도와주는 것 따윈 필요 없어.

I don't need you to defend me. 네가 날 보호해주는 것 따윈 필요 없어.

Speak Yourself! 네가 내 걱정해주는 것 따윈 필요 없어. (worry for me)

05 This is getting + 형용사 : 이거 점점 ~해지는데.

This is getting interesting. 이거 점점 재밌어지는데.

This is getting boring. 이거 점점 지루해지는데.

Speak Yourself! 이거 점점 실망스러워지는데. (disappointing)

06 I might have + 과거분사 : 내가 ~했을지도 모르겠다.

I might have said something wrong. 내가 뭔가 잘못 말을 했을지도 모르겠다.

I might have given the wrong answer. 내가 오답을 줬을지도 모르겠다.

Speak Yourself! 그를 추적하는데 성공했을지도 모르겠다. (succeed in tracing him)

4. I don't need you to worry for me. 5. This is getting disappointing. 6. I might have succeeded in tracing him.

How I met your mother
대답 속 필수 회화패턴 복습하기

07 I just can't wait to + 동사 : 나 ~하고 싶어 안달 났어.

I just can't wait to **go there.** 나 거기 가고 싶어 안달 났어.

I just can't wait to **see you.** 나 네가 보고 싶어 안달 났어.

Speak Yourself! 나 그 음악이 듣고 싶어 안달 났어. (listen to the music)

08 We'd love to + 동사 : 우린 ~하고 싶어.

We'd love to **hear the details of the story.** 우린 그 이야기 자세한 내용을 듣고 싶어.

We'd love to **go there with you.** 우린 너랑 그곳에 가고 싶어.

Speak Yourself! 우린 그 영화 보고 싶어. (see the movie)

09 You should not + 동사 : 너 ~해서는 안 돼.

You should not **treat women that way.** 너 여자를 그런 식으로 다뤄선 안 돼.

You should not **watch TV too much.** 너 TV를 너무 많이 보면 안 돼.

Speak Yourself! 너 그의 말을 들어서는 안 돼. (listen to him)

Answer 7. I just can't wait to listen to the music. 8. We'd love to see the movie. 9. You should not listen to him.

10 Are you going to + 동사 : 너 ~ 할 거니?

Are you going to come to the party? 너 파티에 올 거니?
Are you going to sing this song? 너 이 노래 부를 거니?

Speak Yourself! 너 오늘 밤 내게 전화할 거니? (call me tonight)

11 Don't + 동사 : ~ 하지 마세요.

Don't worry. 걱정하지 마세요.
Don't give up. 포기하지 마세요.

Speak Yourself! 지금 가지 마세요. (go now)

12 Can I + 동사 : 저 ~ 해도 돼요?

Can I hang out with you? 너하고 놀아도 될까?
Can I go to the theater? 저 극장에 가도 돼요?

Speak Yourself! 저 그녀랑 데이트 해도 돼요? (go out with her)

10. Are you going to call me tonight? 11. Don't go now. 12. Can I go out with her?

CSI: LAS VEGAS는 이런 미드다!

CSI는 Crime Scene Investigation의 약자로 최근 범죄수사 관련 미드 시리즈가 범람하고 있는 가운데 가장 원로격이자 수년간 부동의 전미 시청률 1위를 누려온 최고의 인기 미드 시리즈라고 할 수 있습니다. 라스베가스의 휘황찬란한 네온사인 뒤로 벌어지는 잔혹하고 냉정한 살인, 강간 등의 강력범죄들을 최첨단 과학기술을 활용하여 사건을 해결하는 이들의 모습을 보자면 왜 우리나라 경찰은 저렇게 못하는 건지 그저 한숨이 푹푹 나오게끔 만들게 합니다.

범죄를 다룬 수사물이다 보니, 경찰, 형사들이 자주 사용하는 전문 용어들이 자주 등장해 일반 회화를 공부하기에는 다소 어려운 감이 있지만, 일단 표현들을 하나 둘 배우고 익숙해지면, 그 만큼 내용을 따라서 듣고 이해하기가 더 수월할 수도 있는 드라마이기도 합니다. 성격이 좀 다르긴 하지만, 그래도 수사대도 엄연한 직장이니 일반 회사의 직장인들과 마찬가지로 업무에 관련한 유용한 표현들도 자주 등장하니, 영어를 잘 하고 싶은 남성분들이면 반드시 1 시즌 정도는 대본을 달달 외울 정도로 공부해 두면 여러분의 영어 실력에 확실한 밑거름으로 작용할 재미 만점의 미드입니다.

드라마 CSI Las Vegas에 관한 더 많은 내용들을 알고 싶으면 다음 사이트들을 방문해 보세요. 공식 홈페이지에서부터 팬들이 만든 팬 사이트까지 CSI Las Vegas에 관한 다양한 사진 및 영상 자료들이 있으니 심심할 때 한 번씩 방문해서 살펴보는 것도 여러분의 영어 공부에 도움이 될 겁니다.

- http://www.cbs.com/primetime/csi/
- http://www.csiguide.com/
- http://www.csifanclub.com/lv/
- http://www.myspace.com/csi_fans
- http://www.buddytv.com/csi.aspx

CSI Las Vegas의 등장인물

길 Gill

우리나라 CSI 팬들에게는 '길반장'으로 통하는 인물로, 25년간 쌓아온 경력과 냉철한 분석력으로 사건을 해결하는 라스베가스 범죄수사국장이다. 히딩크와 닮은 외모로 우리나라 시청자들에게는 더더욱 친근감을 불러일으키는 인물이다.

워릭 Warrick

라스베가스 토박이 출신으로, 누구보다도 이 지역을 잘 알고 있다는 장점과 다양한 인맥들을 활용해서 여러 가지 사건의 해결에 도움을 준다. 카지노의 천국인 라스베가스 출신답게 도박중독증이 있어 이를 치료하기 위해 계속 노력중에 있다.

닉 Nick

댈러스 경찰대에서 근무하다 라스베가스로 파견된 인물로 인정이 많아 피해자 가족들에게 연민을 많이 느끼는 편이이다. 하지만 모든 사건을 대함에 있어서 객관성을 잃지 않기 위해 최선을 다하는 인물이기도 하다.

캐서린 Catherine

어린 딸을 홀로 키우며 살아가는 미혼모로 가정생활과 함께 일 역시도 빈틈없이 처리하는 강한 여자다. 수많은 사연들을 간직하는 인물로 이러한 경험을 바탕으로 사람을 다루는데 있어서는 그 누구보다도 뛰어나다.

사라 Sara

길이 샌프란시스코에서 직접 발탁한 요원으로 뛰어난 학력과 문제해결 능력을 갖춘 소위 말하는 정말 '잘난 여자' 다. 자존심이 강해서 사람들과 트러블이 자주 생기는 편이지만 이를 해결하는 대인관계 능력은 다소 부족하다는 단점이 있다.

Season 1
Episode 01

01 I never wanted to put you through this.
난 결코 네가 이 일을 겪게 하고 싶지 않았어.

#01 But you already did. And it makes me really angry.
하지만, 이미 그랬잖아. 그리고 그게 날 정말 화나게 해.

#02 Stop lying to me. I know this is exactly what you wanted.
내게 거짓말 그만해. 난 이게 정확히 네가 원하던 것인 걸 알아.

#03 It's okay. Really. I can deal with it.
괜찮아. 정말이야. 난 견딜 수 있어.

02 God bless them.
신의 은총이 그들과 함께 하기를.

#01 Yeah, I hope everything turns out well.
그래, 모든 게 잘되었으면 좋겠어.

#02 No, God won't bless criminals like them.
아니, 신은 그들과 같은 범죄자들에게 은총을 내리지 않아.

#03 Hey, I didn't know you believe in God.
어이, 나 네가 신을 믿는지 몰랐는걸.

어휘 / 표현정리

- **stop ~ing** ~를 멈추다
- **put A through B** A가 B를 겪게 하다
- **deal with A** A를 견디다
- **turn out** ~가 되다
- **believe in** ~을 믿다.
- **make someone angry** ~를 화나게 하다 cf) make someone happy ~를 행복하게 하다

03 This can't be happening.

이건 있을 수 없는 일이야.

#01 I'm sorry about this. I know it's hard for you to accept.
정말 유감입니다. 받아들이기 어려울 거란 거 알아요.

#02 What do you mean? Do you know something about this?
무슨 의미야? 너 이거에 대해서 알고 있는 거 있니?

#03 It's happening. Accept it.
있을 수 있는 일이에요. 받아들이세요.

04 I haven't even clocked in yet.

저 아직 출근등록도 안 했어요.

#01 Okay. Then, come see me in the office later.
알았네. 그러면, 나중에 사무실로 날 보러 오게.

#02 Hurry, it's only 5 minutes away from 8:30.
서둘러, 8시 30분까지 5분밖에 안 남았어.

#03 What? Come on, you should clock in before 9.
뭐? 어서, 너 9시 전에는 출근등록해야 해.

어휘 / 표현정리

- **cannot be** ~일리가 없다
- **accept it** 받아들여, 인정해
- **clock in** 출근하다
- **yet** 아직

Season 1

Episode 01

05 I'm kindda light-headed.

머리가 좀 어질어질해요.

#01 Here, sit down.

자, 여기요. 앉으세요.

#02 Do you wanna take an aspirin?

아스피린 먹을래요?

#03 What's wrong? Do you want to sit down?

무슨 일이니? 앉을래?

06 Breakfast is on me.

아침은 내가 쏜다.

#01 No, it's on me. It's the least I can do for you.

아니요, 제가 쏠게요. 제가 할 수 있는 최소한의 성의입니다.

#02 Thanks. You're so nice.

고마워. 너 정말 착하구나.

#03 Okay. Next time, it's my shout.

알았어. 다음번에는 내가 쏜다.

어휘 / 표현정리

- **kindda(=kind of)** 일종의, 좀
- **light-headed** 머리가 어질어질한
- **take an aspirin** 아스피린을 복용하다 cf) take a pill 약을 복용하다
- **It is on me.(=It's my treat./ It's my shout.)** 내가 쏜다.

Review!

다음 각 A와 B의 대화문 빈칸에 들어갈 적절한 표현을 넣어보세요.
잘 기억이 나지 않는다고요? 그럼 앞으로 돌아가서 다시 복습하세요!

1. A : Hey, Jimmy. Can I talk to you for a second?
야, 지미. 잠깐 너랑 얘기 좀 할 수 있을까?
B : Sorry I can't talk now. ______________________________
미안하지만 지금은 안 돼. 나 아직 출근등록도 안 했어.

2. A : I'm sorry, Jack. ______________________________
미안해, 잭. 난 결코 네가 이 일을 겪게 하고 싶지 않았어.
B : It's okay. Don't worry about me.
괜찮아. 내 걱정은 하지 마.

3. A : ______________________________
아침은 내가 쏜다.
B : Really? Then, lunch is on me.
정말? 그럼 점심은 내가 쏜다.

4. A : They all died in the explosion.
그들은 모두 폭발사고로 죽었어요.
B : How sad, ______________________________
정말 슬프군요. 신의 은총이 그들과 함께 하길.

5. A : Oh, my god. ______________________________ Pinch me.
하나님 맙소사. 이건 있을 수 없어. 날 꼬집어봐.
B : Hey, calm down. We will think of something.
야, 진정해. 우리 뭔가 방법을 생각해 낼 수 있을 거야.

6. A : Hey, you don't look good. What's wrong?
야, 너 안색이 안 좋아 보인다. 무슨 일이야?
B : ______________________________ I need to lie down for a bit.
머리가 좀 어질어질해요. 나 잠깐 누워 있어야 할 것 같아요.

Season 1 Episode 02

01 Take a hike.
꺼져 버려.

#01 What did you just say?
너 방금 뭐라 그랬어?

#02 No, this is my house. You get the hell out of here.
아니, 여긴 내 집이야. 네가 여기서 꺼지라고.

#03 I can't believe you just said that to me. You and I are over.
네가 나한테 그 말을 했다니 믿기지가 않는다. 너랑 나랑은 끝났어.

02 I'm a millionaire now!
나 이제 백만장자야!

#01 Shut up! Are you serious?
말도 안 돼! 너 정말이야?

#02 Oh, my god. You really won the lottery.
오, 세상에. 너 정말 복권에 당첨되었구나.

#03 Congratulations. Now you can finally buy your own house.
축하해. 이제 마침내 너 네 집을 살 수 있구나.

어휘 / 표현정리

- **Take a hike.** 저리 가. 꺼져버려.
- **get the hell out of** ~서 썩 꺼져라
- **Shut up!** 닥쳐!, 말도 안 돼!(상대방의 말이 믿기 어려울 때, 웃으면서 놀라움을 표시할 때 쓸 수 있음)
- **millionaire** 백만장자

03 I just got off the phone with the sheriff.

저 방금 서장님하고 통화했습니다.

#01 Okay. What did he say?
그래. 그가 뭐라고 하던가?

#02 Did he say anything about me?
그가 나에 관해서 말하는 거 없었나?

#03 Did you get any message from him?
그에게서 뭐 전달받은 내용 없나?

04 The suspect is still at large.

범인은 아직도 오리무중이야.

#01 We must find him before he kills someone else.
그가 다른 누군가를 죽이기 전에 반드시 그를 찾아야 해.

#02 Are the police doing their job? I can't trust them.
경찰들이 제 역할을 하고 있는 거야? 믿을 수가 없어.

#03 Why is it taking so long to catch him?
그를 잡는데 왜 이렇게 시간이 오래 걸리는 건데?

어휘 / 표현정리

- **It takes + 시간 + to ~** ~하는데 (시간)이 걸린다
- **get off the phone with** ~와 통화를 끝내
- **do one's job** 자기 일을 하다, 제 역할을 하다
- **sheriff** (경찰서의) 서장
- **at large** (범인 등이) 도주중인

Season 1
Episode 02

05 We'll just play it by ear.
우리 그냥 상황 봐서(형편 봐서) 할 거야.

#01 Does it mean you guys don't have any plan?
너희 아무런 계획이 없다는 뜻이니?

#02 No way! You should make a detailed plan in advance.
말도 안 돼. 너희는 사전에 세부적인 계획을 만들어놔야 해.

#03 But I don't think it's a good idea.
근데 그거 좋은 생각 같지 않은데.

06 Fire me.
절 해고하세요.

#01 You think I cannot do that? You're fired!
내가 그렇게 못할 것 같나? 자넨 해고야!

#02 I'm not firing anybody. Don't take things emotionally.
난 아무도 해고 안 해. 일을 너무 감정적으로 받아들이지 말게.

#03 All right. Clear your desk and leave.
알겠네. 책상 비우고 떠나게.

어휘 / 표현정리

- No way! 말도 안 돼. 절대 안 돼.
- in advance 사전에, 미리
- emotionally 감정적으로
- fire ~를 해고하다
- play it by ear (계획 없이) 즉흥적으로 대응하다, 임기응변으로 하다

Review!

다음 각 A와 B의 대화문 빈칸에 들어갈 적절한 표현을 넣어보세요.
잘 기억이 나지 않는다고요? 그럼 앞으로 돌아가서 다시 복습하세요!

1. A : Have you guys decided what to do this weekend?
   너희 주말에 뭘 할지 결정했니?
   B : No, we haven't. ______________________
   아니. 우리 그냥 상황 봐서 할 거야.

2. A : You will not believe this. ______________________
   너 이 말 믿지 못할 거야. 나 이제 백만장자라고!
   B : Yeah, yeah, yeah. Then I'm a billionaire.
   그래, 그래, 그래. 그럼 난 억만장자다.

3. A : Does anybody know where the sheriff is?
   서장님 어디 계신지 아는 사람 없나?
   B : ______________________ He is on his way.
   저 방금 서장님하고 통화했습니다. 오고 계신다고 하네요.

4. A : Are you cutting my pay? Why don't you just ____________
   제 봉급을 삭감하시는 건가요? 그냥 절 해고하시지 그러세요?
   B : Please understand me. We're going through a tough time.
   날 좀 이해해주게. 우리 힘든 시간을 겪고 있잖아.

5. A : A man was shot in the park last night, and ____________
   어젯밤에 공원에서 한 남자가 총에 맞았어. 범인은 아직도 오리무중이야.
   B : Another shooting incident? Where is this country going?
   또 총기사건이야? 이 나라가 어찌 되려고 이러냐.

6. A : Why are you here? I didn't invite you. ______________
   너 왜 여기 있는 거야? 난 널 초대한 적 없다고. 꺼져 버려.
   B : Hey, I just came by to say hi. That's all.
   야, 나 그냥 인사나 하려고 온 거야. 그게 다야.

Season 1

Episode 03

01 He can't be that much of a pro.

그는 그 정도로 프로일 리가 없어.

#01 But it looks like a professional job to me.

하지만 내겐 전문가가 한 일처럼 보이는데.

#02 You're right. If he were a real professional, he would have finished the job more neatly.

네 말이 맞아. 그가 진정한 프로였다면, 그는 좀 더 깔끔히 일을 끝냈을 거야.

#03 I agree with you.

나도 네 말에 동의해.

02 You scared me.

니 때문에 깜짝 놀랐잖아.

#01 I'm sorry. I didn't mean to scare you.

미안해. 널 놀라게 하려고 한 건 아니야.

#02 Sorry, it's really dark in here.

미안, 여기 안 정말 어둡다.

#03 Haha. Did I scare you to death?

하하. 내가 너 간 떨어지게 했니?

어휘 / 표현정리

- **can't be** ~일리 없다
- **look like** ~처럼 보이다
- **scare** ~를 놀래키다 cf) scare a person to death ~를 간 떨어지게 하다
- **mean to + V** ~하려고 하다
- **professional** 전문가의

03 Freeze!

꼼짝 마!

#01 Okay. Please don't shoot me.

알았어요. 제발 쏘지 마세요.

#02 Damn, it's the cops!

젠장, 경찰이다!

#03 All right. I will put my hands up. I don't have a gun.

알았어요. 손 올릴게요. 전 총 없어요.

04 You're going to be charged with manslaughter. 당신은 우발적 살인으로 기소될 겁니다.

#01 I didn't kill him. It was just an accident.

난 그를 죽이지 않았어요. 그저 사고였다고요.

#02 Please call my lawyer.

제 변호사 좀 불러주세요.

#03 How many years am I looking at?

제가 몇 년 형이나 받을까요?

어휘 / 표현정리

- **freeze** 얼다, 멈추다
- **manslaughter** 우발적 살인
- **put one's hands up** 두 손을 올리다
- **be charged with** ~로 기소되다
- **lawyer** 변호사

Season 1 Episode 03

05 Can we cut this short?

(대화, 말을) 짧게 끝내면 안 될까요?

#01 Don't worry. I will cut it short.
걱정 마세요. 짧게 하겠습니다.

#02 Sorry, but this is going to take a while.
죄송합니다만, 좀 시간이 걸릴 것 같네요.

#03 Sure. It won't take more than five minutes.
물론이죠. 5분 이상 걸리지 않을 겁니다.

06 I work 24/7, I have no time for my friends.

난 하루 종일 일해요. 친구를 만날 시간도 없죠.

#01 Me, too. What is worse, the company pays me chicken feed.
나도 그래. 설상가상으로, 회사는 월급도 쥐꼬리만큼 줘.

#02 Work 24/7? Are you moonlighting?
하루 종일 일한다고? 너 부업하니?

#03 That makes two of us. I don't even have time for my family.
나도 그래. 난 가족들을 위한 시간조차도 없다고.

어휘 / 표현정리

- take a while 시간이 좀 걸리다
- 24/7(=24 hours and 7 days) 하루 종일
- chicken feed 쥐꼬리 봉급
- moonlight 부업하다
- what is worse 더 최악인건, 설상가상으로

다음 각 A와 B의 대화문 빈칸에 들어갈 적절한 표현을 넣어보세요.
잘 기억이 나지 않는다고요? 그럼 앞으로 돌아가서 다시 복습하세요!

1. A : NYPD! ___________ Put your hands up and kneel down.
   뉴욕경찰이다! 꼼짝 마! 손들고 무릎 꿇어.

   B : All right. All right. Please don't shoot.
   알았어요, 알았다고요. 쏘지 말아요.

2. A : I've been through enough. ___________________________
   난 충분히 겪을 만큼 겪었어요. 짧게 끝내면 안 될까요?

   B : Okay, I will let you go home as soon as I can.
   알았어요, 가능한 빨리 집에 보내드리도록 하죠.

3. A : ____
   난 하루 종일 일해요. 친구를 만날 시간도 없죠.

   B : Me, too. I'm tired of my life in Korea. I want to immigrate to NZ. 나도 그래. 난 한국에서의 삶에 지긋지긋해. 뉴질랜드로 이민가고 싶다.

4. A : Max! What are you doing here?
   맥스. 너 여기서 뭐하는 거야?

   B : Jesus! ___________________ What are you doing here?
   세상에나. 너 때문에 깜짝 놀랐잖아. 너 여기서 뭐하는 거야?

5. A : See these? The guy left lots of evidence behind.
   이것들 보여? 범인이 증거를 많이 남겨놓고 갔네.

   B : Yeah. ____
   네. 그는 그 정도로 프로일 리가 없네요.

6. A : Mr. Simpson. _______________________________________
   심슨 씨. 당신은 우발적 살인으로 기소될 겁니다.

   B : What? This is ridiculous. I didn't mean to kill him!
   잠깐만요. 이건 말도 안 돼요. 전 그를 죽이려고 한 게 아니라고요.

Season 1

Episode 04

01 We are pulling another double.
우리 또 초과근무할 거야.

#01 I really think I should quit. I can't take this anymore.
나 정말로 그만둬야 할 거 같아. 더 이상은 못 참겠어.

#02 We're not pulling a double. Are you kidding me?
우리 초과근무 안 해요. 나랑 장난쳐요?

#03 We don't have all day. Let's get this done quickly.
시간이 많이 있는 게 아냐. 서둘러서 이거 끝내자.

02 He's got his whole life ahead of him.
그는 앞길이 창창하다고.

#01 Then, why would he want to hang himself?
그러면, 왜 그는 자살하려고 했을까?

#02 Yeah, it's foolish to mess that up with women.
응, 여자 문제로 망쳐버리는 것은 어리석은 짓이야.

#03 Not anymore. He has already made too many mistakes.
더 이상은 아냐. 그는 너무 많은 실수를 했어.

어휘 / 표현정리

- pull a double(shift) 초과근무를 하다
- get something done 무언가를 끝내다
- hang 목을 매다
- mess up ~을 망치다

03 What are the chances she was seeing somebody else?

그녀가 다른 사람과 사귀고 있었을 가능성이 얼마나 될까?

#01 I have no idea.
난 전혀 모르겠다.

#02 Chances are very slim. She was a faithful wife.
가능성은 굉장히 희박해. 그녀는 정숙한 아내였다고.

#03 Well, I think there's a good chance of that.
음, 전 그럴 가능성이 높다고 생각해요.

04 You're history.

넌 끝났어.

#01 Please give me another shot.
제발 한 번만 더 기회를 줘.

#02 Can you give me another chance?
한 번만 더 기회를 주실 수 있으세요?

#03 Please don't kill me. I have a family to support.
제발 절 죽이지 마세요. 전 부양해야 할 가족이 있다고요.

어휘 / 표현정리

- **be seeing someone** ~와 사귀다
- **faithful** 정숙한, 신념이 깊은
- **What are the chances** ~ 할(일) 가능성이 얼마나 될까?
- **family to support** 부양해야 할 가족 cf) food to eat 먹을 음식

Season 1 Episode 04

05 Does he have something to do with Wendy's death? 그가 웬디의 죽음과 관련이 있나요?

#01 Yes, he has something to do with your wife's death.
네, 그는 당신 부인의 죽음과 관련이 있습니다.

#02 We don't know yet. But we will find out soon.
아직은 모릅니다. 하지만 곧 알아낼 겁니다.

#03 No, he has nothing to do with Wendy's death.
아니요. 그는 웬디의 죽음과 아무런 관련이 없어요.

06 I'm going to cut to the chase.
단도직입적으로 말하겠습니다.

#01 Okay. Tell me exactly what you think of me.
그래요. 당신이 날 어떻게 생각하는지 정확히 말해줘요.

#02 All right. That's what I want.
좋아요. 그게 내가 원하던 거예요.

#03 Okay. I'm all ears.
그래. 나 잘 듣고 있으니 말해봐.

어휘 / 표현정리

- cut to the chase 본론으로 들어가다
- all ears 귀 기울이고 있다
- A has(have) something to do with B A가 B와 관련이 있다

Review!

다음 각 A와 B의 대화문 빈칸에 들어갈 적절한 표현을 넣어보세요.
잘 기억이 나지 않는다고요? 그럼 앞으로 돌아가서 다시 복습하세요!

1. A : ______________________________
   그녀가 다른 사람과 사귀고 있었을 있을 가능성이 얼마나 될까요?
   B : The chances are very high.
   아주 높다고 할 수 있지.

2. A : Hey, listen. ______________ I am not a doctor.
   야, 들어봐, 단도직입적으로 말할게. 난 의사가 아니야.
   B : What? You lied to me?
   뭐? 너 나한테 거짓말한 거야?

3. A : I don't understand why he tried to commit suicide.
   난 그가 왜 자살을 하려고 했는지 이해가 안 돼.
   B : Me, neither. ______________________
   나도 그래. 그는 앞길이 창창한데 말이야.

4. A : We're going to arrest your step-father.
   우린 네 새 아빠를 체포할거야.
   B : Why? ______________________________
   왜요? 그가 웬디의 죽음과 관련이 있나요?

5. A : Honey, I'm going to be late again. ______________
   자기야. 난 또 늦을 거야. 우리 또 초과근무할 거야.
   B : Why should today be any different?
   오늘이라고 다를 게 뭐 있겠어?

6. A : If you can't this, ______________________
   네가 이걸 못한다면, 넌 끝났어.
   B : Don't you worry. I'm gonna do this.
   걱정 마. 난 해낼 거니까.

Season 1 Episode 05

01 I'm outta here.

나 갈래. / 나 여기서 나간다.

#01 Wait. There's something I want to give you.
기다려. 너한테 주고 싶은 게 있어.

#02 Oh, come on. I was just making a joke. Please stay.
오, 왜 그래. 나 농담한 거야. 제발 있어주라.

#03 Yeah, nobody invited you anyway.
그래, 어쨌든 아무도 널 초대하지 않았어.

02 Look at the bruise marks around John Doe here.

여기 시체 주위의 멍든 자국들 좀 봐.

#01 I think he was beaten to death by a group of people.
난 그가 여러 명의 사람들로부터 죽을 때까지 맞은 것 같아.

#02 Where do you think he got those bruises from?
그가 저 멍들을 어디서 얻었다고 생각해요?

#03 Yeah, it's brutal. What a poor man!
네, 잔인하군요. 불쌍한 남자 같으니.

어휘 / 표현정리

- **be beaten to death** 맞아 죽다
- **bruise** 타박상, 멍
- **John Doe** 신원을 알 수 없는 시체
- **outta(=ouf of)** ~의 밖으로
- **what a/an + 형용사 + 주어** ~같으니!(감탄문)

03 He's a pig.

걘 여자만 보면 정신 못 차리는 놈이야.

#01 Why am I not surprised?
놀랄 것도 없지, 뭐.

#02 You're right. He is a shame to his family.
네 말이 맞아. 걔는 그의 집안의 수치야.

#03 Yeah, you really should dump him.
응, 너 정말로 걔 차버려야 해.

04 I'm stoked.

나 완전 들떠서 흥분 돼.

#01 Yeah, everybody is stoked about the party tonight.
응, 모두들 오늘 밤 파티에 완전 들떠 흥분해 있어.

#02 Me, too. I'm really looking forward to tonight.
나도 그래. 오늘 밤이 정말 기대가 된다.

#03 Who isn't? Let's hang out all night long.
누군들 안 그러겠어? 밤새 놀아 보자고!

어휘 / 표현정리

- **dump** ~를 차버리다
- **look forward to** ~을 기대하다
- **pig** 여자만 보면 달려드는 탐욕스런 남자
- **stoked** 완전 흥분된, 완전 기분 좋은
- **hang out** 놀다, 어울리다
- **shame** 부끄럼, 수치

Season 1 Episode 05

05 Could we take a break?

좀 쉬었다 할까요?

#01 Sure. I will give you 10 minutes.

물론이지. 10분 줄게.

#02 Okay. Everybody back in 5.

알았어요. 모두들 5분 후에 돌아와요.

#03 Not now. We will take a break after we finish this part.

지금은 안 돼요. 이 부분은 끝내고 쉬자고요.

06 I did some homework on Kate.

내가 케이트에 대해서 사전조사 좀 했지.

#01 Great. What did you find out?

좋았어. 뭘 알아냈나?

#02 Me, too. I found that she was divorced and living alone.

나도 했어. 그녀가 이혼을 했고 혼자 살고 있었다는 걸 알아냈지.

#03 Brief me.

내게 간단히 설명해봐.

어휘 / 표현정리

- take a break 휴식을 취하다
- divorced 이혼한
- do homework on ~에 대해 알아보다
- brief 간략하게 설명하다

다음 각 A와 B의 대화문 빈칸에 들어갈 적절한 표현을 넣어보세요.
잘 기억이 나지 않는다고요? 그럼 앞으로 돌아가서 다시 복습하세요!

1. A : _______________ Who's with me?
   나 여기서 나갈래. 누가 나랑 같이 갈래?
   B : I'll go with you.
   난 너랑 같이 갈래.

2. A : We are going to Mexico for summer vacation.
   우리 여름휴가 때 멕시코에 갈 거란다.
   B : Wow! _______________
   와! 나 너무 신나요.

3. A : How do you know so much about her? You haven't even met her. 너 어떻게 그녀에 대해서 그렇게 잘 알아? 그녀를 만나보지도 못했잖아.
   B : Well, _______________
   음, 내가 케이트에 대해서 사전조사를 좀 했지.

4. A : He was staring at my boobs the whole time.
   그는 내내 내 가슴만 쳐다보고 있었어.
   B : _______________ Stay away from him.
   걘 진짜 여자만 보면 정신 못 차리는 놈이야. 그에게 가까이 가지마.

5. A : Ms. Johnson. We're so tired. _______________
   존슨 씨. 우리 너무 피곤해요. 좀 쉬었다 할까요?
   B : Okay. Be back in 10.
   좋아요. 10분 후에 다시 오세요.

6. A : _______________
   여기 시체 주위의 멍든 자국들 좀 봐.
   B : Yeah, it's terrible. What kind of monster did this?
   그러게, 끔찍하다. 어떤 괴물이 이런 짓을 한 거야?

Season 1

Episode 06

01 Keep me informed.

계속해서 알려주게.

#01 Sure. I will let you know if anything comes up.
물론이죠. 일이 생기면 알려드릴게요.

#02 Don't worry. I will call you.
걱정 마세요. 전화 드릴게요.

#03 We will. Now go home and take a rest.
저희가 알려드릴게요. 이제 집에 가셔서 쉬세요.

02 Thank god you're here.

네가 와줘서 정말 다행이야. / 네가 여기 있다니 정말 다행이야.

#01 Yeah, I'm here. My camping trip got rained out.
응, 나 여기 있어. 캠핑여행이 비로 취소되어 버렸어.

#02 Calm down. You look pale. What's wrong?
진정해. 안색이 안 좋구나. 무슨 일이니?

#03 Of course, I'm here for you. What are friends for?
물론 널 위해 왔지. 친구 좋다는 게 뭔데.

어휘 / 표현정리

- **Thank god S + V** ~해서 다행이다
- **let someone + V** 누가 ~하게 하다
- **keep someone + p.p** 누가 ~되게 해주다
- **inform** ~에게 알려주다
- **rain out** 비로 취소되다

03 I'm in a jam here.

나 지금 난처해. / 나 지금 (상황이) 어려워.

#01 What's the problem? Is there anything I can do?
무슨 문제니? 내가 도와줄 일이 있을까?

#02 Then, I'm your lifesaver. Tell me. I will help you out.
그럼, 내가 네 구세주다. 말해봐. 내가 도와줄게.

#03 Are you in a jam with your finances?
너 재정적으로 상황이 어려운 거니?

04 There's a bullet missing from the magazine.

탄창에 총알이 하나 없어요.

#01 Are your sure about that?
그거 확실하니?

#02 No, it's not missing. I just didn't top off.
아니, 사라진 게 아니야. 내가 그냥 다 안 채워놨어.

#03 No, it's not missing. Somebody fired a round.
아니, 사라진 게 아니야. 누군가가 총을 쏜 거야.

어휘 / 표현정리

- **lifesaver** 구세주
- **bullet(=round)** 총알
- **top off** 끝까지 채우다
- **magazine** 탄창
- **fire** (총을) 발사하다, 쏘다
- **in a jam** 궁지에 몰린, 곤경에 빠진

Season 1

Episode 06

05 You have to pass off the case.
그 사건 다른 사람에게 넘겨.

#01 Why? Because of the conflict of interest?
왜요? 사적인 감정이 끼어들까 봐요?

#02 No. I want to take this case. I promise I won't be biased.
아니요. 저 이 사건 맡고 싶어요. 치우치지 않겠다고 약속할게요.

#03 Pass it off to who?
누구한테 넘기시라는 거죠?

06 Is this payback?
이거 복수하는 거야?

#01 Of course, it is.
당연히, 복수하는 거지.

#02 Yeah, consider it payback.
그래, 복수라고 생각해.

#03 Yeah, I'm going to kill you to get payback.
그래, 복수를 위해서 널 죽일 거야.

어휘 / 표현정리

- pass off (to) ~에게 넘기다 • be biased 편견을 갖다 • payback 보복, 복수
- conflict of interest 이해관계의 충돌 (개인의 이익과 공공의 이익이 충돌되는 상황)

다음 각 A와 B의 대화문 빈칸에 들어갈 적절한 표현을 넣어보세요.
잘 기억이 나지 않는다고요? 그럼 앞으로 돌아가서 다시 복습하세요!

1. A : Detective! ______________________
형사님! 탄창에 총알이 하나 없어졌어요.
B : What? It cannot be. It was topped off when I first checked.
뭐라고? 그럴 리가. 내가 확인했을 때는 다 채워져 있었는데.

2. A : Why're you doing this to me? ______________
너 나한테 왜 그러는 거야? 복수하는 거니?
B : Yeah, It's payback for what you did to my brother.
그래, 네가 우리 형에게 한 짓에 대한 복수야.

3. A : Okay. I'm gonna head home, but ______________
난 이제 집으로 갈 거야. 하지만 계속 알려주게.
B : No worries. I will give you a call if something comes up.
걱정 마세요. 뭔가 발견되면, 전화 드릴게요.

4. A : Oh, ______________ My son is very sick.
오, 네가 와서 너무 다행이다. 내 아들이 너무 아파.
B : I brought my car. Let's take him to the hospital.
나 차 가져왔어. 그를 병원에 데려가자.

5. A : This case can cause a conflict of interest for you.
So, I think ______________________
이 사건은 너한테 이해관계 상충을 초래할 수도 있으니까, 다른 사람에게 넘겨.
B : I understand. I will pass it off to Cameron.
알았어요. 캐머론에게 넘길게요.

6. A : Lucas. ______________ and I need your help.
루카스, 나 지금 곤란한 상황에 처했어. 네 도움이 필요해.
B : What is this about? Tell me honestly.
무슨 일인데? 솔직하게 말해봐.

Season 1

Episode 07

01 Heads up.
조심해.

#01 Oh, that was close. Thanks for the heads up.
오, 큰일 날 뻔했네. 미리 주의를 줘서 고마워.

#02 Okay. this guy might have a gun. We can't be too careful.
알았어. 이놈은 총을 가지고 있을지도 몰라. 아무리 조심해도 지나칠 건 없지.

#03 Thanks. I will be careful.
고마워. 조심할게.

02 You're gonna take my notes.
넌 내가 하는 말을 받아 적으면 돼.

#01 Okay. Can I borrow your pen? Cause I don't have one.
알았어. 네 펜 빌려도 될까? 나 펜이 없거든.

#02 My writing is not legible. It that okay?
내 글씨는 읽기 힘들어요. 그래도 괜찮아요?

#03 No problem. Just don't speak too fast.
문제없어요. 단지 너무 빨리 말하지만 마세요.

어휘 / 표현정리

- **take one's notes** ~의 말을 메모하다
- **legible** (필적, 인쇄가) 알아볼 수 있는
- **cannot be too careful** 아무리 조심해도 지나치지 않다

03 I figured you might need a hand.

네가 도움이 필요할 것 같아서 말이지.

#01 Thanks, but I think I can do it myself.
고마운데 나 혼자할 수 있을 것 같아.

#02 Oh, no, thanks. I will be fine.
아, 아니에요. 괜찮습니다.

#03 Thanks for coming back. I appreciate it.
돌아와 줘서 고마워. 정말 고마워.

04 We did everything by the book.

우리는 모든 걸 규정대로 했습니다.

#01 Relax. I'm not saying you didn't do everything by the book.
진정해. 자네가 모든 걸 규정대로 하지 않았다고 말하는 게 아냐.

#02 Good job. From now on, I will take care of this matter.
수고했네. 이제부터는, 내가 이 일을 처리하겠네.

#03 If you did everything by the book, how did this happen?
만약 자네들이 규정대로 했다면, 어떻게 이런 일이 벌어졌지?

어휘 / 표현정리

- **need a hand** 도움이 필요하다
- **by the book** 규정대로
- **take care of** ~을 처리하다, 돌보다
- **from now on** 지금부터
- **Good job.(=Great job. / Nice work.)** 수고했어. 잘했어.

Season 1

Episode 07

05 I'm not good with kids.

난 애들을 잘 못 다뤄요.

#01 Well, you'd better get better because you're getting married. 음 너 결혼할 거니까, 애들 다루는 능력을 키우는 게 좋을 걸.

#02 Don't be nervous. Just try to be friends with them.
긴장하지 마. 그냥 아이들하고 친구가 되려고 노력해봐.

#03 Really? But kids like you.
정말로? 하지만 아이들이 널 좋아하잖아.

06 You're completely off base.

너 완전 잘못 짚었어.

#01 Well, that's not what the facts say.
음, 사실들을 살펴보면 그런 것 같지 않은데요.

#02 Save it. I'm not in the mood for your wise-ass comments.
넣어둬. 네 잘난 척 하는 말 따위 듣고 싶은 기분 아냐.

#03 Why do you think so? Give me some reasons.
왜 그렇게 생각하는데? 이유를 대봐.

어휘 / 표현정리

- had better + V ~하는 것이 낫다(좋다)
- be in the mood for ~할 기분이다
- wise-ass 잘난 척 하는, 잘난 척 하는 인간
- nervous 긴장한
- off base 잘못 짚은

다음 각 A와 B의 대화문 빈칸에 들어갈 적절한 표현을 넣어보세요.
잘 기억이 나지 않는다고요? 그럼 앞으로 돌아가서 다시 복습하세요!

1. A : I came back, because ______________________
   나 다시 돌아왔어. 네가 도움이 필요할 것 같아서 말이야.
   B : Oh, thank you. How nice of you!
   오, 고마워. 넌 너무 착해.

2. A : As far as I know, ______________________
   내가 아는 한 우린 규정대로 모든 걸 다했어요.
   B : It looks like you did. Well done, guys.
   그런 것 같네. 잘했어, 모두들.

3. A : You know what? ______________________
   있잖아. 난 애들을 잘 못 다뤄.
   B : You're kidding me. But you have four of your own kids.
   너 농담하는 거지. 너 애가 넷이나 있잖아.

4. A : I think Mike did this prank on us. I'm gonna kick his ass.
   마이크가 우리한테 장난을 친 것 같아. 가서 혼쭐을 내주겠어.
   B : __________ Because I was with him when this happened.
   너 완전 잘못 짚었어. 이 일이 일어났을 때 걘 나랑 같이 있었거든.

5. A : ______________________ A car is coming.
   조심해. 차 온다.
   B : Oh, that was close. Thanks.
   오, 아슬아슬했다. 고마워.

6. A : Sir, what should I do in the meeting?
   제가 회의 때 뭘 해야 하나요?
   B : ______________ and get me a coffee when I ask for one.
   넌 내가 하는 말을 받아 적고, 내가 요청하면 커피를 가져다주면 되네.

Season 1

Episode 08

01 I put a rush on them for you.

널 위해 급하게 처리했어.

#01 Wow, thanks. I owe you one.

와우, 고마워. 하나 빚졌네.

#02 Thanks. I know I can always count on you.

고마워. 난 항상 넌 믿을 수 있다는 걸 알고 있어.

#03 Already? That's really fast. It only took a day. Thank you.

벌써? 엄청 빠른데. 하루밖에 안 걸렸잖아. 고마워.

02 You guys want an assignment slip or pink slip?

자네들 임무 지시서를 받을래, 아니면 해고 통지서를 받을래?

#01 Assignment slip, of course. Haha.

물론 임무 지시서죠. 하하.

#02 We were just taking a little coffee break. We'll get back to work.

잠시 커피 마시며 쉬고 있었어요. 다시 일 시작하겠습니다.

#03 I'm sorry, sir. We'll get back to work right away.

죄송합니다. 당장 다시 일 시작하겠습니다.

어휘 / 표현정리

- **put a rush on** ~을 서둘러 처리하다
- **get back to work** 다시 일 시작하다
- **coffee break** 커피 마시며 잠시 쉬는 것
- **owe** 빚지다
- **pink slip** 해고 통지서
- **count on** ~를 믿다

03 It's on.

(상대방의 도전, 제안을 받아들일 때) 어디 해보자.

#01 You're going down, dude.
넌 질 거야, 친구.

#02 Great. Let's do this. You're gonna lose.
좋았어. 해보자. 넌 지게 될 거야.

#03 All right. Who's gonna go first, me or you?
좋았어. 누가 먼저 할 거야, 나 아니면 너?

04 I get the picture.

알겠어. / 이해했어.

#01 I'm glad you finally understood.
네가 마침내 이해해서 기쁘다.

#02 All right. Then, let's start the game.
좋았어. 그러면 게임을 시작해 보자고.

#03 Are you sure? Cause if you don't, I can explain it again.
확실해? 만약 이해 못했으면, 내가 다시 설명해 줄 수 있어.

어휘 / 표현정리

- **get the picture** 이해하다, 상상이 가다
- **dude** 친한 사이에 상대방을 호칭할 사용하는 표현
- **go first** 먼저 가다, 먼저 하다
- **go down** 지다, 패배하다

Season 1

Episode 08

05 He's gifted.

그는 재능을 타고났어요.

#01 That's right. He's a gifted musician.
맞아요. 그는 타고난 음악가죠.

#02 No doubt about it. He's a gifted artist.
의심의 여지가 없죠. 그는 타고난 예술가에요.

#03 Yeah. He will become the greatest basketball player.
응. 그는 최고의 농구선수가 될 거야.

06 This is going nowhere.

이건 소용없어. / 이선 납이 읎어.

#01 So, are you giving up?
그러면, 너 포기하는 거니?

#02 Come on. We may be stalled, but we're not giving up.
왜 이래. 지금 좀 막혔을 수도 있지만, 우린 포기하지 않아.

#03 Then, let's start over from the beginning.
그러면, 처음부터 다시 시작해보자.

어휘 / 표현정리

- gifted 타고난, 재능이 있는
- go nowhere 진전이 없다
- doubt 의심
- be stalled 교착상태에 빠지다
- start over 다시 시작하다
- give up 포기하다

다음 각 A와 B의 대화문 빈칸에 들어갈 적절한 표현을 넣어보세요.
잘 기억이 나지 않는다고요? 그럼 앞으로 돌아가서 다시 복습하세요!

1. A : Jimmy. When can I get the result back?
   지미, 내가 언제 결과를 받을 수 있을까?

   B : It won't be long. ______________________
   오래 걸리지 않을 거야. 널 위해 급히 처리했어.

2. A : Richard hears in perfect pitch.
   리차드는 절대 음감을 가졌어.

   B : Yeah. ______________________
   그러게. 그는 재능을 타고났어.

3. A : Do you want to play another game?
   한판 더 할까?

   B : ______________________
   어디 해보자.

4. A : Hey, ______________________
   이봐, 자네들 임무 지시서를 받을래, 아니면 해고 통지서를 받을래?

   B : Sorry. We were just taking a break.
   죄송합니다. 우린 그저 잠시 쉬고 있었어요.

5. A : That's how the system works. Got it?
   이게 시스템이 돌아가는 방식이야. 이해했지?

   B : Yeah, ______________________
   네, 알겠어요.

6. A : Look. ______________ We'd better give up.
   이봐, 이건 답이 없어. 우리 그냥 포기하는 게 낫겠어.

   B : All right. Let's just give up, then.
   알았어. 그럼 그냥 포기하자.

Season 1 Episode 09

01 How're you holding up?

요즘 잘 지내니? / 견딜 만해요?

#01 I'm fine.
괜찮아요.

#02 Better, now that you're here.
당신이 여기 있으니까 더 괜찮네요.

#03 Well, I'm trying to forget about what happened.
음, 일어났던 일을 잊으려고 노력중이에요.

02 The guy set me off.

그 자식이 날 꼭지가 놀게 했어요.

#01 Because he called you names, right?
그가 당신에게 욕을 했기 때문이죠, 맞나요?

#02 It doesn't give you the right to hit him.
그게 당신이 그를 때릴 권리를 주진 않아요.

#03 So that's why you stabbed him. You're so screwed.
그래서 그게 네가 그를 찌른 이유구나. 너 정말 큰일 났다.

어휘 / 표현정리

- set a person off ~를 열 받게 하다
- call someone names ~에게 욕을 하다
- the right to + V ~ 할 권리 cf) the right to vote 투표할 권리
- stab (칼로) 찌르다
- be screwed 큰일 났다

03 He went bananas.

걔 미쳐버렸어. / 걔 열광하더라고.

#01 He went bananas over what?
뭐에 미쳐버린 건데?

#02 I can understand him. Guys go bananas over erotic movies. 나 그를 이해할 수 있어. 남자들은 에로 영화에 미치잖아.

#03 You can't blame him. You called him a "faggot".
넌 그를 비난할 수 없어. 네가 그를 "호모자식"이라고 불렀잖아.

04 Out of my way!

비켜요!

#01 Hey, don't push me.
이봐, 밀지 말라고.

#02 Okay. I will step aside.
알았어요. 옆으로 비킬게요.

#03 Slow down. Why are you in such a hurry?
워워. 왜 그렇게 서둘러요?

어휘 / 표현정리

- **faggot** 동성애자를 비하하는 표현
- **slow down** 느긋해지다, 속도를 늦추다
- **go bananas** ~에 열광하다, ~에 미치다, 정신이 나가다
- **call someone A** 누구를 A라고 부르다

Season 1

Episode 09

05 You're a people person.

넌 정말 사교적이야.

#01 Why do you think so? I don't think I'm a people person.
왜 그렇게 생각해? 난 내가 사교적이라고 생각지 않아.

#02 Yeah, I'm a real people person.
응, 난 정말 사교적이야.

#03 Honestly, I'm not very much of a people person.
솔직히, 나 그렇게 사교적인 건 아니야.

06 It's out of our hands.

그건 우리도 어쩔 수 없는 일이에요.

#01 You're right. There's nothing we can do about it.
네 말이 맞아. 우리가 할 수 있는 건 아무것도 없어.

#02 Yeah, we cannot control it anymore.
응, 우리가 더 이상 그것을 통제할 수가 없어.

#03 No, it's out of your hands.
아니, 네가 어쩔 수 없는 일이겠지.

어휘 / 표현정리

- **out of one's hands** ~의 권한을 벗어나 버린
- **control** 통제하다
- **people person** 사교적인 사람 cf) morning person 아침에 일찍 일어나는 사람

다음 각 A와 B의 대화문 빈칸에 들어갈 적절한 표현을 넣어보세요.
잘 기억이 나지 않는다고요? 그럼 앞으로 돌아가서 다시 복습하세요!

1. A : ______________________________
   넌 정말 사교적이야.

   B : Yeah, that's why I love my job as a sales person.
   응. 그러니까 내가 세일즈란 직업을 좋아하지.

2. A : Listen, ______________ That's why I hit him.
   들어봐, 쟤가 날 꼭지 돌게 했다고. 그래서 내가 쟬 친 거야.

   B : And he is paralyzed because you hit him so hard.
   네가 너무 세게 쳐서 쟨 불구가 됐다고.

3. A : ______________________________
   비켜요.

   B : Back up, or I will shoot you.
   물러서, 안 그러면 쏠 테다.

4. A : ______________________ in this cold weather?
   너 이 추위에 어떻게 견디고 있어?

   B : I never go out. I just stay home.
   절대 밖에 안 나가. 그냥 집에서 지내고 있어.

5. A : I told my father that I am dating John, and __________
   아빠한테 내가 존하고 데이트한다고 말씀드렸더니, 완전 미치시더라고.

   B : Why does your father hate him so much?
   왜 그렇게 너희 아빠는 그를 싫어하는 거야?

6. A : The company wants to lay us off and ______________
   회사에서 우리를 해고하기를 원하고 그건 우리도 어쩔 수 없는 일이예요.

   B : So we're just going to sit here and do nothing?
   그렇다고 이렇게 가만히 앉아서 아무것도 안하는 거예요?

Season 1 Episode 10

01 There's nothing good to eat around here. 이 근처는 먹을 만한 게 없네요.

#01 It's always difficult to decide what to eat for lunch.
점심으로 뭘 먹을지 결정하는 건 항상 어려워.

#02 There is a restaurant famous for spaghetti on the next block. 다음 구역에 스파게티로 유명한 식당이 있어.

#03 Let's just have some Chinese food delivered.
그냥 중국음식이나 시켜먹자.

02 I can do that in my sleep.
그건 눈 감고도 할 수 있어요.

#01 Great! Prove it!
잘됐네! 증명해봐!

#02 Me, too. It's a piece of cake.
나도 그래. 그건 식은 죽 먹기라고.

#03 Lucky for me. Can you fix it by 5, then?
잘됐다. 그럼 5시까지 고쳐줄 수 있어?

어휘 / 표현정리

- have something p.p 무엇을 ~되도록 하다
- delilver 배달하다
- a piece of cake 식은 죽 먹기
- fix 고치다
- prove 증명하다

03 Bear with me.

양해바랍니다. / 좀 참아주라. / 기다려 주세요.

#01 No problem. Go on with what you're doing.

괜찮습니다. 하시던 일 계속하십시오.

#02 How much longer do I have to bear with you?

얼마나 더 오래 기다려드려야 합니까?

#03 But it has been almost a week since the water got cut off.

하지만 물이 끊긴 지 거의 일주일이나 되어가잖아요.

04 You're a good sport.

넌 참 괜찮은 애야.

#01 Thanks. You, too.

고마워. 너도 그래.

#02 Well, I'm just trying to become one these days.

음, 그냥 요즘 괜찮은 사람이 되려고 노력중이에요.

#03 Thanks for saying that.

그렇게 말해줘서 고마워.

어휘 / 표현정리

- **go on** ~을 계속하다
- **get cut off** 잘리다, 끊기다
- **Bear with me.** 상대방에게 불편하거나 지루해도 참아달라고 요청할 때 쓰임. 전화통화 중에는 끊지 말고 기다려 달라는 의미.

Season 1

Episode 10

05 You're dropping the ball in other areas.

넌 다른 분야에서 실패하고 있어.

#01 In other areas? What do you mean?

다른 분야라고요? 무슨 뜻인가요?

#02 Hey, mind your own business.

야, 너나 잘하세요.

#03 I admit that. But my priority is making as much money as possible.

인정해요. 하지만 제 우선순위는 가능한 많은 돈을 버는 거예요.

06 You're on your own.

너 이제 스스로 알아서 해.

#01 So, you're not gonna help me at all?

그러면, 너 전혀 날 도와주지 않을 거야?

#02 Don't you think I'm still too young to be on my own?

제가 스스로 하기에는 아직 너무 어리다고 생각하지 않아요?

#03 I got it. I got it.

알았어. 알았다고.

어휘 / 표현정리

- drop the ball 실패하다
- mind ~을 신경 쓰다
- admit 인정하다
- priority 우선사항
- as ~ as possible 가능한 ~한(인)
- on one's own 자신의 힘으로
- too ~ to ~하기에는 너무 ~한

Review!

다음 각 A와 B의 대화문 빈칸에 들어갈 적절한 표현을 넣어보세요.
잘 기억이 나지 않는다고요? 그럼 앞으로 돌아가서 다시 복습하세요!

1. A : May I speak to Jerry, please?
   제리랑 통화할 수 있을까요?
   B : Sure, I will go get him. Please ____________________
   그래, 그를 바꿔줄게. 좀 기다려라.

2. A : ____
   넌 다른 분야에서 실패하고 있어.
   B : I know. I really need some advice.
   나도 알아. 나 정말 조언이 필요해.

3. A : Can you juggle?
   너 저글링 할 수 있어?
   B : ____________________________ It's a piece of cake.
   그건 눈 감고도 할 수 있어. 완전 쉬워.

4. A : ____
   이 근처에는 먹을 만한 게 하나도 없어.
   B : Then, let's just have instant noodles at home.
   그럼, 그냥 집에서 라면이나 끓여먹자.

5. A : Hey, ______________________________________
   야, 너 이제 스스로 알아서 해.
   B : Wait. You're going to leave me here alone?
   기다려. 여기 날 혼자 두고 가는 거야?

6. A : Don't worry. I will help you with your homework.
   걱정 마. 내가 네 숙제하는 거 도와줄게.
   B : Thanks. ____________________________________
   고마워. 넌 참 괜찮은 애야.

Season 1

Episode 11

01 I'm running late.

나 늦었어. / 나 이미 늦었어.

#01 All right then. I will see you after school.

알았어. 그럼 학교 끝나고 보자.

#02 Don't take a bus. Take a taxi.

버스 타지 말고 택시 타거라.

#03 Okay. I will catch you later.

그래. 나중에 보자.

02 I thought we had a deal.

난 우리가 약속(협상)을 했다고 생각했었는데.

#01 I know, but what about your boyfriend? He is there waiting for you.

나도 알지만, 네 남친은 어쩌고? 걔 저기서 널 기다리고 있잖아.

#02 We did. I'm sorry I broke our deal.

그랬죠. 약속을 깨서 미안해요.

#03 Yeah, we agreed that we would never smoke again.

응, 다시는 우리 서로 담배를 피지 않겠다고 협의했지.

어휘 / 표현정리

- **What about ~?** ~는 어쩌고?
- **have a deal** 약속(협상)을 하다
- **run late** 늦다
- **take a bus** 버스 타다 cf) take a taxi 택시 타다

03 Ease up!

(화, 분노를) 누그러뜨려! / 긴장(힘) 풀어!

#01 Ease up, my ass. Get the hell out of here.
진정하라고, 웃기고 있네. 당장 여기서 꺼져.

#02 You know what? It's not that easy.
그거 알아? 그게 그렇게 쉽지가 않아.

#03 Okay. I think I need to take a break.
알았어. 나 휴식을 취할 필요가 있을 것 같아.

04 Ignoring it isn't going to make it go away.

무시한다고 그게 사라지는 건 아니에요.

#01 Who's ignoring it? I'm not ignoring it.
누가 무시한데? 난 그거 무시하고 있는 거 아니거든.

#02 Thanks for your two cents. I will keep that in mind.
충고 고마워. 맘에 간직하고 있을 게.

#03 But I really don't know what to do.
하지만 정말 뭘 해야 할지 모르겠어.

어휘 / 표현정리

- **get the hell out of** ~서 당장 꺼져
- **take a break** 휴식을 취하다
- **keep something in mind** 무엇을 마음속에 간직하다
- **my ass** 웃기시네
- **ignore** 무시하다
- **two cents** 충고

Season 1 Episode 11

05 Somebody broke into my car.
누군가 내 차를 열고 들어왔어.

#01 Really? But has been stolen from the car?
정말? 차에서 뭐가 도둑당한거니?

#02 Oh, I can't imagine how you're feeling right now.
아, 지금 네 기분이 어떨지 상상이 안 간다.

#03 Oh, my god. Is your car insured?
세상에나. 너 차 보험 들었니?

06 We guys got to stick together.
우리 남자들끼리 뭉쳐야 해.

#01 You said it.
전적으로 동감해.

#02 That's right. Bros over hoes!
맞아. 여자보단 우정이지!

#03 Well said! We have to look after each others' back.
말 잘했어. 우린 서로의 뒤를 봐줘야 한다고.

어휘 / 표현정리

- break into ~에 침입하다
- be insured 보험에 들어 있다
- look after ~를 돌봐주다
- stick together 뭉치다
- You said it.(=I completely agree with you.) 전적으로 동감해.

다음 각 A와 B의 대화문 빈칸에 들어갈 적절한 표현을 넣어보세요.
잘 기억이 나지 않는다고요? 그럼 앞으로 돌아가서 다시 복습하세요!

1. A : ____
   무시한다고 그게 사라지진 않아.
   B : Yeah, we must vote, and show politicians who's the boss.
   그래, 우리 투표를 해서 정치인들한테 누가 힘이 있는지 보여주자고.

2. A : ____
   나 늦었어.
   B : Get in. I will give you lift to the subway station.
   타. 내가 전철역까지 태워다줄게.

3. A : ______________________________ and stole my radio.
   누가 내 차를 열고 들어와서 라디오를 훔쳐갔어.
   B : That's strange. Somebody broke into my house last night.
   이상하다. 어젯밤엔 누가 우리 집에 몰래 들어왔었는데.

4. A : ____
   난 우리가 약속을 한 줄 알았는데.
   B : I'm getting back on the deal. Get out. Now!
   난 그 약속 취소하겠어. 당장 나가.

5. A : I am under a lot of stress these days.
   나 요즘 너무 스트레스 받아.
   B : ______________________ Let's go to the bar after work.
   긴장 풀어. 퇴근하고 바에나 가자.

6. A : ____
   우리 남자들끼리 뭉쳐야 해.
   B : That's right! All for one, one for all!
   맞아. 하나를 위한 모두, 모두를 위한 하나.

Season 1
Episode 12

01 I maxed out on the credit cards.
나 신용카드들 한도 초과했어.

#01 Already? How much do you spend a month?
벌써? 너 한 달에 얼마나 쓰니?

#02 Really? You must be a big spender.
정말? 너 씀씀이가 굉장히 헤프구나.

#03 Why am I not surprised? You always wear name-brand clothes.
놀랄 것도 없네. 넌 항상 유명상표 옷만 입잖아.

02 Read my lips.
내 말 잘 들어.

#01 Here you go again.
아이고, 또 시작이구나.

#02 Okay, what is it?
알았어, 뭔데?

#03 Okay. Go ahead.
그래. 말해봐

어휘 / 표현정리

- **max out** (한도를) 초과하다
- **big spender** 씀씀이가 큰 사람
- **name-brand** 유명상표(의)
- **Read my lips.** (자신의 강력한 의사를 전달할 때 사용) 내 말 잘 들어. 내 말 믿어.

03 She's the only one who stood by me in all this.

그녀는 이 모든 상황에서 내 곁을 지켜준 유일한 사람이야.

#01 I know. She is such a great person.
나도 알아. 그녀는 정말 훌륭한 사람이지.

#02 Yeah, she really helped you through the roughest times.
그래, 그녀가 정말 네가 가장 힘들 때 널 도와주었지.

#03 So, when are you going to pop the question?
그래서 그녀에게 청혼은 언제 할 거니?

04 You didn't hear this from me, all right?

너 이 말 내게서 들은 것 아니다, 알았지?

#01 Don't worry. I won't tell a soul.
걱정하지 마. 아무에게도 얘기하지 않을게.

#02 Fine. Now please tell me what's wrong with Jane.
알았어. 자 이제 제인에게 뭐가 잘못된 건지 내게 말해봐.

#03 No worries. My lips are sealed.
걱정하지 마. 입 꽉 막고 있을게.

어휘 / 표현정리

- **stand by** ~곁에서 지키다
- **pop the question** 청혼하다
- **I won't tell a soul.** 아무에게도 말하지 않을게.
- **seal** 봉하다, 막다
- **No worries.(=Don't worry. / No problem.)** 걱정하지 마. 괜찮아.

Season 1

Episode 12

05 I ended up losing thirty grand in eight minutes. 8분 만에 3만 달러를 잃고 말았어요.

#01 What? Are you nuts?
뭐? 너 미쳤니?

#02 When are you ever going to learn? Gambling will ruin your life. 언제쯤 정신 차릴래? 도박은 네 인생을 망칠 거야.

#03 In eight minutes? What are you, crazy?
8분 만에? 너 뭐야, 미친 거야?

06 I don't have it on me.
그거 나한테 없어.

#01 Then, where did you leave it?
그럼, 어디다가 놔두고 온 거니?

#02 Then, where is it?
그럼, 어디 있는데?

#03 What? Don't tell me you've lost it. Because I'm going to kill you.
뭐? 잃어버렸다고는 말하지 마. 왜냐면 널 죽여 버릴 거야.

어휘 / 표현정리

- end up ~ing 결국 ~하게 되다
- grand 천 달러
- on me 수중에
- ruin 망치다, 파멸시키다
- Don't tell me S + V ~라고 말하지 마

다음 각 A와 B의 대화문 빈칸에 들어갈 적절한 표현을 넣어보세요.
잘 기억이 나지 않는다고요? 그럼 앞으로 돌아가서 다시 복습하세요!

1. A : Jason, I need your help on this one. Please give me your hand. 제이슨, 나 이 일에 네가 필요해. 제발 도와주라.

   B : ________________ I cannot help you. It's against the rule.
   내 말 잘 들어. 난 너를 도울 수가 없어. 이건 규칙에 어긋나는 거라고.

2. A : Okay. I will tell you what happened. But ________________
   알았어. 무슨 일이 있었는지 얘기해줄게. 하지만 이 말 내게서 들은 것 아니다, 알았지?

   B : You have my word.
   약속할게.

3. A : __________________________ Can you pay for my coffee?
   나 신용카드들 한도 초과했어. 내 커피값 좀 내 줄래?

   B : Oh, you're such a freeloader.
   오, 너 진짜 빈대 붙으려고 한다.

4. A : I can't dump her like this. __________________________
   난 그녀를 이런 식으로 차버릴 수 없어. 그녀는 이 모든 상황에서도 내 옆에 있어준 유일한 사람이라고.

   B : Jason. Pity is not love, and you know it.
   제이슨, 동정은 사랑이 아니야. 너도 그걸 알잖아

5. A : ____________________ My wife will kill me if she finds out.
   나 8분 만에 3만 달러를 잃고 말았어. 내 아내가 알면 날 죽일 거야.

   B : Oh, boy. Were you out of your mind?
   오, 이런. 너 제정신이니?

6. A : Now give me back my book. 이제 내 책 돌려줘.

   B : ____________________________________ I left it in the car.
   그거 나한테 없는데. 차에 놓고 왔어.

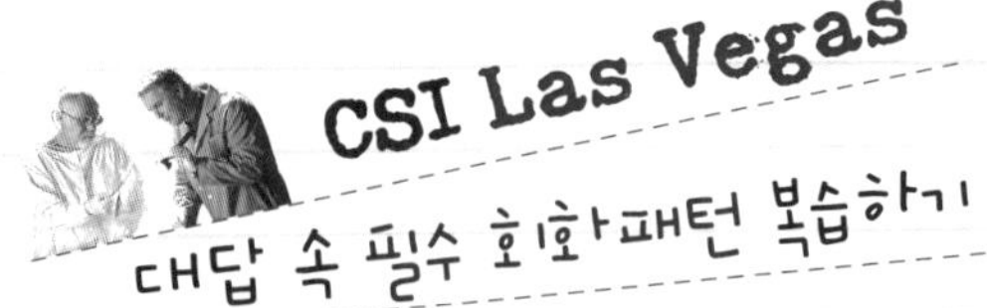

CSI Las Vegas
대답 속 필수 회화패턴 복습하기

01 I didn't mean to + 동사 : ~하려 했던 것은 아냐.

I didn't mean to scare you. 널 놀라게 하려 했던 것은 아냐.

I didn't mean to lie to you 네게 거짓말을 하려 했던 것은 아냐.

Speak Yourself! 널 놀리려고 했던 것은 아냐. (make fun of you)

02 You're going to + 동사 : 넌 ~하게 될 거야.

You're going to be surprised. 넌 깜짝 놀라게 될 거야.

You're going to admit it. 넌 그걸 인정하게 될 거야.

Speak Yourself! 넌 이 집을 떠나게 될 거야. (leave this house)

03 It won't take more than + 시간 : ~이상 걸리지 않을 거예요.

It won't take more than 10 minutes.
10분 이상 걸리지 않을 거예요.

It won't take more than an hour.
한 시간 이상 걸리지 않을 거예요.

Speak Yourself! 30분 이상 걸리지 않을 거예요. (half an hour)

Answer 1. I didn't mean to make fun of you. 2. You're going to leave this house. 3. It won't take more than half an hour

04 Are you + 동사 ~ing : 당신 ~하는 건가요?

Are you kidding me? 당신 지금 나랑 장난치는 건가요?

Are you hitting on me? 당신 나 꼬시는 건가요?

Speak Yourself! 당신 포기하는 건가요? (give up)

05 There's something I want to + 동사 : 내가 ~하고 싶은 게 있어.

There's something I want to tell you. 네게 말해 주고 싶은 게 있어.

There's something I want to eat. 먹고 싶은 게 있어요.

Speak Yourself! 숨기고 싶은 것이 있어요. (hide)

06 I'm not in the mood for + 동사 ing : 난 ~할 기분 아니야.

I'm not in the mood for studying. 나 공부할 기분 아니야.

I'm not in the mood for meeting people. 나 사람들 만날 기분 아니야.

Speak Yourself! 나 지금 얘기할 기분 아니야. (talk right now)

4. Are you giving up? 5. There's something I want to hide. 6. I'm not in the mood for talking right now.

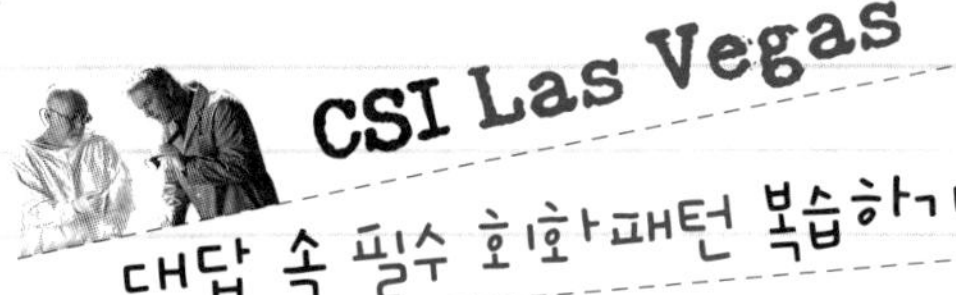

CSI Las Vegas
대답 속 필수 회화패턴 복습하기

07 What a(n) + 형용사 + 명사 ! : 정말 ~ 한 ~ 구나!

What a poor man. 정말 불쌍한 남자구나!
What a sad movie. 정말 슬픈 영화구나!

Speak Yourself! 정말 놀랄만한 뉴스구나! (surprising news)

08 I'm looking forward to + 명사 : 난 ~을 기대하고 있어.

I'm looking forward to tonight. 난 오늘 밤을 기대하고 있어.
I'm looking forward to the party. 난 그 파티를 기대하고 있어.

Speak Yourself! 전 그 회담을 기대하고 있습니다. (the conference)

09 Thank god + 주어 + 동사 : ~해서 다행이야.

Thank god you're here. 네가 여기 있어서 정말 다행이야.
Thank god he didn't see me. 그가 날 못 봐서 정말 다행이야.

Speak Yourself! 내가 지갑을 찾아서 정말 다행이야. (I found my wallet)

Answer 7. What a surprising news! 8. I'm looking forward to the conference. 9. Thank god I found my wallet.

10 I'm not saying + 주어 + 동사 : ~라고 말하는 건 아니야.

I'm not saying you made a mistake.
네가 실수했다고 말하는 건 아니야.

I'm not saying I don't like you.
내가 널 좋아하지 않는다고 말하는 건 아니야.

Speak Yourself! 네가 포기해야 한다고 말하는 건 아니야.
(you should give up)

11 You'd better + 동사 : 넌 ~하는 것이 좋을 거야.

You'd better leave her alone. 그녀를 내버려 두는 것이 좋을 거야.

You'd better finish this now. 이거 지금 끝내는 것이 좋을 거야.

Speak Yourself! 너 조용히 하는 것이 좋을 거야 (be quiet)

12 I ended up + 동사 ing : 난 결국 ~하게 되었어.

I ended up losing everything. 난 결국 모든 걸 잃게 되었어.

I ended up falling in love with her.
난 결국 그녀와 사랑에 빠지게 되었어.

Speak Yourself! 난 결국 그에게 그 비밀을 말하게 되었어.
(tell him the secret)

10. I'm not saying you should give up. 11. You'd better be quiet. 12. I ended up telling him the secret.

Entourage는 이런 미드다!

영어를 배우는 남성분들이라면, 누구나 한 번쯤은 미국 젊은이들이 즐겨 사용하는 여러 가지 slang 표현들에 대해서 궁금해 하신 적이 있으실 겁니다. 욕에 관한 표현, 성에 관한 표현 등 다양한 slang 표현들이 총 집대성되었다고 할 수 있을 정도로 빈번히 등장하는 미드가 있는데요. 바로 여기서 소개해 드릴 Entourage입니다.(오바마 대통령도 팬이라고 하죠) Entourage는 사전적 의미로 "측근, 수행원"이란 뜻을 가지고 있는데요, 보통 잘나가는 영화배우나 가수들 주위에 같이 몰려다니는 사람들을 Entourage라고 부릅니다.

본 미드는 이제 막 할리우드에서 뜨기 시작하는 신인 배우 빈센트 체이스와 늘 그의 곁에서 함께 붙어 다니는 그의 친구들 간의 화려한 할리우드의 삶을 보여주는 미드입니다. 우리나라의 젊은 남성들도 친한 사이에 대화를 할 경우 "씨~" "조~" 등의 욕을 입에 달고 살듯이, 미국의 젊은 남성들도 친한 친구들끼리 대화를 할 때는 "f**k" "shit" 등의 욕을 입에 달고 말을 하는데요, 바로 Entourage를 통해서 실제 미국 젊은이들의 정화되지 않은 대화내용을 마음껏 체험해 보실 수 있으실 겁니다. 남성판 "Sex and the City"답게 화려한 볼거리와 쭉쭉빵빵 LA여성들의 몸매를 감상하실 수 있는 Entourage!!! 남성분들에게 절대 강추합니다!!

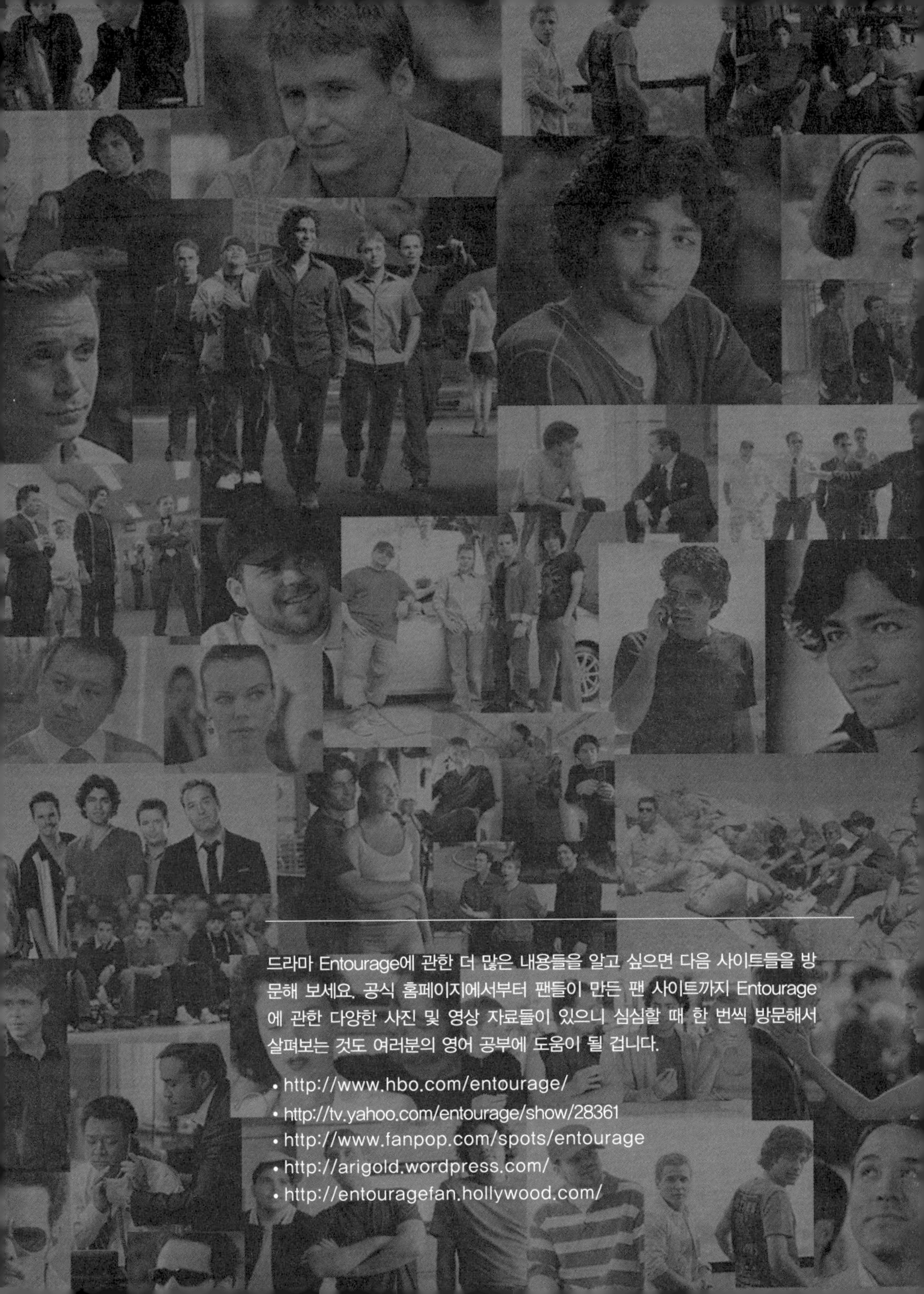

드라마 Entourage에 관한 더 많은 내용들을 알고 싶으면 다음 사이트들을 방문해 보세요. 공식 홈페이지에서부터 팬들이 만든 팬 사이트까지 Entourage에 관한 다양한 사진 및 영상 자료들이 있으니 심심할 때 한 번씩 방문해서 살펴보는 것도 여러분의 영어 공부에 도움이 될 겁니다.

- http://www.hbo.com/entourage/
- http://tv.yahoo.com/entourage/show/28361
- http://www.fanpop.com/spots/entourage
- http://arigold.wordpress.com/
- http://entouragefan.hollywood.com/

Entourage의 등장인물

빈센트 Vincent

할리우드의 떠오르는 신예 스타로 자신이 영화를 찍어서 번 돈으로 뉴욕에서 어린 시절부터 함께해온 친구들과 이복형을 먹여 살리다시피 하는 의리파이다. 잘 나가는 할리우드의 스타답게 수많은 여자들과 관계를 맺는 바람둥이다

에릭 Eric

Vincent와 어릴 적부터 친하게 지내온 친구로, 그의 매니저 역할을 하고 있다. 전문적으로 이 바닥에서 경험을 쌓진 않았지만, 좋은 대본을 알아보는 탁월한 감각으로 Vincent가 절대적으로 신뢰하는 친구이다. Vincent의 에이전트 역할을 하는 Ari와는 영화 선택 문제에 있어서 끊임없이 티격태격한다.

터틀 Turtle

키 작고 몸도 뚱뚱하고 무지하게 여자를 밝히는 그다지 영양가 없는 Vincent의 친구다. 차 운전을 포함한 사실상의 로드매니저 역할을 하면서 친구인 Vincent에게 빌붙어 먹고 사는 캐릭터다. Vincent의 이복형인 Drama와 항상 티격태격하며 덤앤더머를 연출해 재미를 이끌어 낸다.

드라마 Drama

Vincent의 배다른 형으로, 할리우드에서는 한물간 배우다. 나이가 꽤 많고, 변변한 성공작도 없어서, 동생 Vincent의 인기에 힘입어 조금씩 재기를 노리는 캐릭터다. 대부분의 미드에서 한 명씩 웃음을 주로 유발하는 캐릭터가 있는데 Entourage에서는 Drama가 바로 그런 역할을 담당한다.

아리 Ari

하버드에서 MBA까지 수료한 엘리트의 다혈질 에이전트다. 나름 이 바닥에서 성공가도를 달리고 있는 인물로 Vincent의 에이전트를 맡아, 그의 성공을 위해 물심양면 도움을 준다. 작품성보다는 흥행성을 최우선으로 삼기에, 영화 선택에 있어서 Eric과 항상 티격태격한다.

Season 1

Episode 01

01 Shit happens.

엿 같은 일들도 벌어지는 게 인생이야.

#01 But this kind of shit happens to me all the time.
하지만 이런 엿 같은 일이 나한텐 항상 일어난다니까.

#02 That's right. Life is full of disappointments.
맞아. 삶은 항상 실망의 연속이지.

#03 Yeah, life is like a box of chocolates. You never know what you're gonna get.
응, 인생은 초콜릿 상자와 같지. 뭘 고르게 될지 절대 모르잖아.

02 He needs a night out.

걔는 밤에 나가서 신나게 놀 필요가 있어.

#01 Yeah, he's been working his butt off lately. He needs some fun.
응, 걔 요즘에 정말 죽어라 일만 했잖아. 좀 즐길 필요가 있어.

#02 How about taking him to the club tonight?
오늘 밤 걔를 클럽에 데리고 가는 건 어때?

#03 I have to agree. We need to give the man a night out.
동감해. 우리는 그 친구가 밤에 신나게 놀게 해줘야 해.

어휘 / 표현정리

- shit 엿 같은 일
- all the time 항상
- night out 신나게 즐기는 밤
- work one's butt off 죽어라 일만 하다
- How about ~ ing? ~하는 게 어때?
- be gonna(=be going to) ~할 것이다
- disappointment 실망스러운 일

03 How are you doing?

잘 지내니? / 어떻게 돼가니?

#01 Good. How are you?
잘 지내지. 넌 잘 지내?

#02 I can't complain too much. How about yourself?
그럭저럭 괜찮아요. 당신은 잘 지내요?

#03 I'm doing fine. Thanks. Is everything okay with you?
괜찮아요. 고마워요. 당신은 다 괜찮나요?

04 Great job!

잘했어! / 수고했어!

#01 Thanks. I really did my best.
고마워요. 정말 최선을 다했어요.

#02 Thanks. And thank you for your support.
고마워요. 그리고 응원해주셔서 감사해요.

#03 Thank you. I couldn't have done it without your help.
고마워. 네 도움이 없었다면 해내지 못했을 거야.

어휘 / 표현정리

- How are you doing?(=How are you? / How is it going?) 잘 지내니?
- do one's best 최선을 다하다 • I couldn't have + p.p ~할 수 없었을 것이다
- support 지원, 응원 • Great jon!(=Good job! / Nice work!) 잘했어! 수고했어!

Season 1

Episode 01

05 I'm on ass-patrol.

나 물 좋은지 확인하러 돌아다니는 중이야.

#01 Give it up, man. The girls in this club are all ugly.

야, 포기해. 이 클럽에 여자들 다 못생겼어.

#02 Me, too. Hey, check out that blonde girl. 2 o'clock.

나도 그러는 중이야. 야, 저기 금발 애 좀 봐봐. 2시 방향이야.

#03 What? Aren't you here with your girlfriend?

뭐? 너 여기 여자친구랑 같이 온 거 아니야?

06 You guys mooched off of me.

너희 나한테 빌붙어 살았잖아.

#01 That's not true. We've always paid half the rent, haven't we?

그렇지 않아. 우리가 항상 월세 반은 냈잖아. 안 그랬어?

#02 Well, if you don't like it, why are you being friends with us?

음, 그게 마음에 안 들면, 왜 계속 우리랑 친구하는 건데?

#03 Yeah, that's true. We're lazy jerks.

그래, 맞아. 우리는 게으른 얼간이들이거든.

어휘 / 표현정리

- **check out** (이성을) 확인하다
- **mooch off** 달라고 조르다, 등쳐먹다
- **jerk** 얼간이, 재수 없는 놈
- **blonde** 금발
- **on ass patrol** 엉덩이 순찰 (즉, 이성을 순찰하러 다닌다는 말)

다음 각 A와 B의 대화문 빈칸에 들어갈 적절한 표현을 넣어보세요.
잘 기억이 나지 않는다고요? 그럼 앞으로 돌아가서 다시 복습하세요!

1. A : Don't be disappointed. ______________________________
   실망하지 마. 엿 같은 일들도 벌어지는 게 인생이잖아.
   B : Yeah, I know. Don't worry. I will cheer up.
   나도 알아. 걱정 마. 나 기운 낼 거야.

2. A : John has been in blue since he got dumped.
   존은 차인 이후로 계속 우울해하고 있어.
   B : Yeah, I think ______________________________
   그러게. 걘 밤에 나가서 신나게 놀 필요가 있어.

3. A : ____________ Tom. Everybody! Let's all give him a big hand.
   잘했어, 탐. 여러분! 그에게 박수갈채를 보냅시다.
   B : Oh, thank you very much.
   오, 감사합니다.

4. A : ______________________________
   잘 지내니?
   B : Fine. Thanks. You look great!
   좋아. 고마워. 너 좋아 보인다.

5. A : What are you doing, jimmy?
   너 뭐해, 지미?
   B : ______________________________ Girls in this club are hot!
   나 물 좋은지 확인하러 돌아다니는 중이야. 이 클럽 애들 진짜 섹시한대.

6. A : ________________ for three years. And is this what I get?
   너희 3년이나 나한테 빌붙어 살았잖아. 근데 내가 얻은 거라곤 이거야?
   B : Hey, we've never mooched off of you.
   야, 우리 너한테 빌붙어 산 적 없어.

Season 1 Episode 02

01 That's fucked up.
그거 엿 됐어. / 그거 새 됐어.

#01 Hey, shit happens. Cheer up.
어이, 엿 같은 일도 일어나는 게 인생이야. 기운 내.

#02 Yeah, it's really fucked up. What're you gonna do?
응, 정말 새 됐네. 어 어떻게 할 거야?

#03 Tell me about it. Our hard work just went down the drain. 내 말이. 우리가 열심히 일한 게 다 소용없게 됐네.

02 We got her in 20 minutes.
우리 20분 뒤에 그녀랑 약속 있어.

#01 In 20 minutes? Oh, man. I didn't even take a shower.
20분? 오, 이런. 나 샤워도 하지 않았어.

#02 I'm ready. Let's go now.
나 준비됐어. 이제 출발하자.

#03 Are we going to meet her in the office?
우리 그녀를 사무실에서 만날 거야?

어휘 / 표현정리

- **fucked up** 엿 된, 엉망이 된
- **go down the drain** 물거품이 되다
- **cheer up** 기운 내다
- **take a shower** 샤워를 하다

03 Bullshit! I don't buy it!

개 뻥치고 있네. 난 그거 안 믿어.

#01 But he never lies.
하지만 걘 절대 거짓말 안 해.

#02 I don't care. I just told you the truth.
상관 안 해. 난 그냥 네게 진실을 얘기했을 뿐이야.

#03 Yeah, something smells fishy here.
응, 뭔가 수상한 냄새가 나긴 해.

04 He's in a meeting.

그는 회의중입니다.

#01 When will he be out of the meeting?
그가 언제쯤 회의에서 나올까요?

#02 Then, can I leave a message?
그러면, 그에게 메모를 남겨도 될까요?

#03 All right. Then, I'll call again later.
알겠습니다. 그러면, 나중에 다시 걸게요.

어휘 / 표현정리

- **smell fishy** 수상한 냄새가 나다
- **leave a message** 메시지를 남기다
- **buy** 믿다
- **Bullshit!** 개 뻥! 개 구라!

05 Where's your bedside manner?

넌 상대방을 다루는 방법을 모르냐?

#01 What's the matter? Did I do something wrong?
무슨 일인데? 내가 뭐 잘못했니?

#02 Hey, chill. Why are you so mad at me?
야, 진정해. 왜 그렇게 내게 화가 난 거야?

#03 I'm sorry. I know I shouldn't have talked to him like that.
미안. 나도 그에게 그렇게 얘기하지 말았어야 한 걸 알아.

06 I got ears everywhere.

(어디서 무슨 말을 해도) 난 다 들을 수 있어.

#01 I'm sorry. I won't talk about you behind your back.
미안해. 다시는 너 없을 때 네 얘기하지 않을게.

#02 Don't worry. I'm not telling this to anyone.
걱정하지 마. 아무에게도 얘기하지 않을 테니.

#03 Are you threatening me to keep my mouth shut?
지금 내 입 다물게 하려고 나 협박하는 거니?

어휘 / 표현정리

- bedside manner 상대방을 다루는 매너
- be mad at ~에게 화가 나다
- I shouldn't have + p.p ~하지 말았어야 했다
- chill 진정하다
- threaten 협박하다

다음 각 A와 B의 대화문 빈칸에 들어갈 적절한 표현을 넣어보세요.
잘 기억이 나지 않는다고요? 그럼 앞으로 돌아가서 다시 복습하세요!

1. A : I'm not interested in her. She's not my type.
   난 그녀한테 관심 없어. 그녀는 내 타입이 아니라고.

   B : _______________ I know you're into her.
   개 뻥치지 마. 난 그거 안 믿어. 네가 그녀한테 빠져있는 거 다 안다고.

2. A : My computer broke down and all the files are gone.
   내 컴퓨터 망가져서 파일이 다 날아갔어.

   B : Oh, man. _______________
   오, 이런. 그거 엿 됐다.

3. A : _______________ Everything you say comes back to me.
   난 다 들을 수 있어. 네가 한 말 모두 다 나한테 들어온다고.

   B : Okay. I will watch my mouth.
   알았어. 입 조심할게.

4. A : I can't believe you called him fat. _______________
   네가 걔를 뚱뚱하다고 했다니 믿을 수가 없다. 넌 상대방을 다루는 방법을 모르냐?

   B : Hey, I'm sorry I didn't mean to hurt his feelings.
   야, 미안하다고. 걔 기분을 망치려고 한건 아니야.

5. A : Can I see him now?
   그를 지금 만날 수 있나요?

   B : I'm afraid not. _______________
   유감스럽지만 안 되는데요. 그는 지금 회의중이세요.

6. A : _______________ We should get going.
   우리 20분 후에 그녀랑 약속이 있어. 지금 가봐야 해.

   B : Okay. I'm all set. Let's go.
   알았어. 다 준비됐어. 가자.

Season 1 Episode 03

01 Fuck off!

꺼져!

#01 What did you just say to me?
너 지금 내게 뭐라고 그랬어?

#02 This is my room. You fuck off!
이거 내 방이거든. 네가 꺼져!

#03 What? What did I ever do to you?
뭐라고? 내가 너한테 뭘 어떻게 했기에 그래?

02 Tell him I said hi.

그에게 안부 좀 전해줘.

#01 Sure. I will tell my brother you said hi.
물론이지. 동생에게 네가 안부 전했다고 전할게.

#02 No problem. Have fun. See you.
알았어. 재미있게 보내. 나중에 보자.

#03 Sure. Please say hello to your girlfriend for me.
물론이지. 날 대신해 여자친구에게 안부 전해줘.

어휘 / 표현정리

- **say hi** 인사하다, 안부를 전하다
- **Fuck off.(=Beat it. / Take a hike.)** 꺼져.
- **Have fun!** 재미있게 보내!

03 The night is still young.
아직 초저녁이라고.

#01 Okay. Let's drink the night away.
그래. 밤새도록 마셔보자고!

#02 It's already 10:00. I should have been home by now.
벌써 10시야. 나 지금쯤이면 집에 있어야 한다고.

#03 Sorry. I have to go home. My wife's waiting up.
미안. 나 집에 가야만 해. 아내가 기다리고 있어.

04 I pulled an all-nighter.
나 밤 샜어.

#01 Why did you pull an all-nighter?
왜 밤을 샌 거니?

#02 Again? Are you still working on the new project?
또? 너 아직도 새 프로젝트 작업중이니?

#03 No wonder you look so tired today.
네가 오늘 이렇게 피곤해 보이는 게 이상한 게 아니구나.

어휘 / 표현정리

- **drink the night away** 밤새 마시다
- **pull an all-nighter** 밤을 새다
- **No wonder S + V** ~가 이상한 게 아니다
- **wait up** 자지 않고 기다리다
- **work on** ~을 작업하다

Season 1
Episode 03

05 That's a keeper.
그거 괜찮네.

#01 Yeah, looks nice. You have to buy it.
응, 좋아 보이는데. 너 그거 꼭 사라.

#02 Really? Do you think I should buy this?
정말? 나 이거 살까?

#03 Yeah, I think it's nice, too. But the price is a bit steep.
응, 나도 좋다고 생각해. 근데 가격이 좀 비싸네.

06 The movie comes out this weekend.
그 영화 이번 주말에 개봉해.

#01 What are you talking about? It already came out last week.
무슨 소리하는 거야? 그 영화 이미 지난주에 개봉했어.

#02 Really? Do you want to go see it with me?
정말? 나랑 함께 보러가지 않으래?

#03 Great! I've seen the trailer, and it was awesome!
좋았어! 나 그 영화 예고편을 봤는데, 끝내주더라고!

어휘 / 표현정리

- **keeper** 쓸 만한 것, 괜찮은 것
- **come out** 개봉하다
- **steep** (가격이) 센
- **trailer** 영화 예고편

다음 각 A와 B의 대화문 빈칸에 들어갈 적절한 표현을 넣어보세요.
잘 기억이 나지 않는다고요? 그럼 앞으로 돌아가서 다시 복습하세요!

1. A : ______________________, loser. We don't want you here.
   꺼져, 얼간아. 우린 네가 여기 있는 걸 원치 않아.
   B : What did you just say? You wanna fight?
   너 방금 뭐라고 했어? 한판 붙을래?

2. A : Wow, that movie sure looks good.
   와, 그 영화 재밌어 보이는데.
   B : ___________________________ Do you want to go see it?
   그 영화 이번 주말에 개봉한대. 보러 갈래?

3. A : I gotta go. My husband is waiting for me outside.
   나 가봐야 해. 남편이 밖에서 기다리고 있어.
   B : Oh, your husband came to pick you up? _____________
   오, 신랑이 데리러 온 거야? 그에게 안부 전해줘.

4. A : ________________ Let's party like there's no tomorrow.
   아직 초저녁이라고. 내일 생각은 하지 말고 신나게 즐기자고.
   B : I'm sorry I can't. I have to get up at 5 to go to work.
   미안해, 난 안 돼. 일하러 가려면 5시에 일어나야 해.

5. A : ____________________________ working on my portfolio.
   나 포트폴리오 짜느라 밤 샜어.
   B : Really? So did you finish it?
   정말? 그래서 끝낸 거야?

6. A : What do you think of this watch?
   이 시계 어때?
   B : Wow, ___________________ Looks cool. How much is it?
   와, 그거 괜찮은데. 멋져 보인다. 얼마야?

Season 1
Episode 04

01 Would you like to go to dinner with me?
저와 같이 저녁식사하실래요?

#01 Are you asking me out?
지금 제게 데이트 신청하시는 거예요?

#02 Yes, I'd love to.
네, 물론이죠.

#03 Oh, I really would like to, but I have already eaten.
오, 전 정말 그러고 싶은데, 이미 식사를 했어요.

02 I will walk you out.
내가 나가는 곳까지 바래다줄게

#01 Thanks. You're quite the gentleman.
고마워. 정말 신사다운데.

#02 Don't worry. I can show myself out.
걱정 마세요. 제가 알아서 나갈 수 있어요.

#03 No, you don't have to.
아니야, 그럴 필요 없어.

어휘 / 표현정리

- **ask a person out** ~에게 데이트 신청하다
- **go to dinner** 저녁 먹으러 가다
- **walk someone out** 나가는 곳까지 바래다주다
- **show oneself out** 알아서 나가다

03 She is booming!

저 여자 정말 섹시한데!

#01 Yeah, she's got a great face.
응, 얼굴이 굉장히 예쁘네.

#02 Wait here. I'll go get her number.
여기서 기다려. 가서 전화번호 따올게.

#03 I think she's Jason's girlfriend.
재 제이슨의 여자친구 같은데.

04 I ain't telling you shit!

너한테 아무것도 말하지 않을 거야.

#01 Yeah, whatever.
네, 그러시던지요.

#02 Then, I will figure it out myself.
그럼, 나 혼자서 알아내겠어.

#03 Well, you're going to tell me whether you like it or not.
글쎄, 싫던 좋던 넌 내게 말을 하게 될 거야.

어휘 / 표현정리

- **booming** 굉장히 섹시한
- **get one's number** 전화번호를 따다
- **whether** ~이든지(아니든지)
- **figure out** 알아내다

Season 1

Episode 04

05 I find that hard to believe.

그거 믿기 어려운데요.

#01 Well, believe it or not, I really don't have a date tonight.
음, 믿든 말든, 난 정말로 오늘 밤 데이트 상대가 없어요.

#02 You gotta believe me. She really likes you.
내 말 믿어. 걘 널 정말로 좋아해.

#03 What? You don't trust me?
뭐? 너 나 안 믿는 거야?

06 Can you drop me off?

나 좀 (차에서) 내려줄래?

#01 Right here? No problem.
바로 여기서? 문제없어.

#02 Okay. I will drop you off in front of that building.
알았어. 저 빌딩 앞에서 내려줄게.

#03 I can't drop you off here. It's too dangerous.
널 여기서 내려줄 수는 없어. 너무 위험하다고.

어휘 / 표현정리

- believe it or not 믿든 말든
- gotta(=have got to) ~해야만 하다
- have a date 데이트 상대가 있다
- drop off 내려주다

다음 각 A와 B의 대화문 빈칸에 들어갈 적절한 표현을 넣어보세요.
잘 기억이 나지 않는다고요? 그럼 앞으로 돌아가서 다시 복습하세요!

1. A : Do you think you can trick me into talking? ____________
   네가 내 입을 열게 할 수 있을 것 같아? 너한테 아무것도 말하지 않을 거야.
   B : Believe me. You'll end up telling me everything.
   두고 봐. 넌 모든 걸 다 털어놓게 될 거니까.

2. A : Wait, ______________________________
   기다려. 내가 나가는 곳까지 바래다줄게.
   B : Not necessary. I know the way.
   그럴 필요 없는데. 나도 나가는 길 알아.

3. A : Michell! ______________________________
   미쉘! 저랑 같이 저녁식사하실래요?
   B : Ha, in you dreams!
   하, 택도 없지.

4. A : I got asked out by Amy.
   에이미가 나한테 데이트 신청했어?
   B : What? ______________________________
   뭐라고? 그거 믿기 힘든데.

5. A : Max. ____________________ I can't get a signal in the car.
   맥스, 나 좀 내려줄래? 차에선 신호가 안 잡혀.
   B : Sure. I will drop you off at the next corner.
   알았어. 다음 코너에서 내려줄게.

6. A : Check her out. ______________________________
   저 여자 좀 봐. 완전 섹시한데.
   B : Come on, she's my ex. She's not that hot.
   야, 걘 내 전 여친이잖아. 걘 별로 섹시하지도 않아.

Season 1

Episode 05

01 Are you ready for a real workout?

너 제대로 운동할 준비됐어?

#01 No weights, please. I just had a mean stretch.

웨이트 운동은 사양할게요. 스트레칭을 너무 심하게 했어요.

#02 Sure, let's hit the weights. I want to put on size.

물론이지. 웨이트 운동하자. 몸을 키우고 싶어.

#03 I'm too tired to do a workout today. I think I will pass.

오늘 운동하기엔 너무 피곤한데. 그냥 안 할게.

02 Do we know each other?

우리 서로 아는 사이인가요?

#01 Are you kidding me? It's me, John Joe, your middle school best friend!

농담하니? 나야, 존 조, 네 중학교 절친!

#02 Oh, you already forgot me? It's me, James, the class of 2005.

아, 너 벌써 날 잊은 거야? 나야, 제임스. 2005년도 졸업학번.

#03 Of course, we do. We went to the same school.

당근 서로 아는 사이지. 우리 같은 고등학교 다녔잖아.

어휘 / 표현정리

- work out 운동
- weights 웨이트 운동
- put on size 몸을 키우다
- the class of 년도 ~ 학번 (미국은 졸업년도를 기준으로 한다)
- go to the same school 동창이다, 같은 학교를 다니다

03 It kicks ass.

그거 대단한데! / 완전 끝내줘!

#01 Yeah, it's really awesome!
응, 정말 대단하다.

#02 I totally agree with you. That movie was legendary.
나도 완전 동감해. 그 영화 완전 전설적으로 죽여줬어.

#03 Why do you think it kicks ass? I found it boring.
왜 그게 끝내준다고 생각해? 난 그거 지겹던데.

04 She's a vegan.

그녀는 채식주의자야.

#01 No wonder she's so skinny.
걔 그렇게 마른 게 이상할 게 없구나.

#02 Really? Does she force it on others?
정말? 걔 그걸 다른 사람들한테 강요하니?

#03 If so, I'm not asking her out. You know I love meats.
그렇다면, 데이트 신청하지 말아야겠다. 너 내가 고기 좋아하는 거 알잖아.

어휘 / 표현정리

- **ask a person out** ~에게 데이트 신청하다
- **No wonder S + V** ~인 것이 놀랄 일이 아니네.
- **force something on** ~에게 무엇을 강요하다
- **kick ass(=rock)** 끝내주다, 죽이다
- **vegan** 철저한 채식주의자
- **skinny** 삐쩍 마른

Season 1

Episode 05

05 Sue me!

배 째! / 고소해!

#01 Ha, you don't think I can do it?

하, 내가 못 할 것 같아?

#02 If you keep this behavior up, I have something else in mind.

내가 계속 이렇게 나오면, 나도 다른 생각이 있다고.

#03 Don't push it. You're crossing the line.

그만 해. 너 지금 도를 넘어서고 있어.

06 These are Taiwanese knock-offs.

이것들 대만제 짝퉁이잖아.

#01 No, they are real.

아냐, 그거 진품이야.

#02 Do you really think I would sell knock-offs to you?

너 정말 내가 너한테 짝퉁이나 팔 거라고 생각하는 거야?

#03 What are you talking about? These are real. They are imported from France.

무슨 소리야? 이것들 진짜야. 프랑스에서 수입해 온 거야.

어휘 / 표현정리

- cross the line 도를 넘어서다
- knock-offs 짝퉁
- import 수입하다
- keep something up ~을 유지하다
- sue 고소하다

다음 각 A와 B의 대화문 빈칸에 들어갈 적절한 표현을 넣어보세요.
잘 기억이 나지 않는다고요? 그럼 앞으로 돌아가서 다시 복습하세요!

1. A : ______________________________
   너 제대로 운동할 준비됐어?
   B : Oh, not today. My body aches all over.
   오, 오늘은 안 돼. 나 온몸이 다 쑤셔.

2. A : ______________________________
   우리 서로 아는 사이예요?
   B : Not personally, but I'm happy to meet you.
   개인적으론 아니에요. 하지만 정말 만나게 되어서 기뻐요.

3. A : Did you see the movie 'Batman Returns'?
   너 'Batman Returns' 영화 봤어?
   B : Yes, I did. I loved it. __________ The movie of this year.
   응, 봤어. 너무 좋더라. 완전 끝내줘! 올해의 최고 영화야.

4. A : I cooked some steaks for Jenny, but she didn't eat a thing. 내가 제니를 위해서 스테이크를 요리했는데, 그녀는 손도 안댔어.
   B : Oh, didn't she tell you? ______________________
   오, 그녀가 말 안 했어? 걔 채식주의자야.

5. A : You've just made a big mistake.
   너 방금 진짜 큰 실수한 거야.
   B : Yeah? ______________________________
   그래? 배 째.

6. A : I don't think these bags are real.
   이 가방들 진짜 아닌 것 같은데.
   B : Me, neither. ______________________
   그러게. 이것들 대만제 짝퉁이잖아.

Season 1 Episode 06

01 Do I look overdressed?

나 너무 차려 입은 것처럼 보여?

#01 No, you look great.
아니, 너 멋져 보여.

#02 Not at all. You look absolutely hot.
전혀. 너 완전 섹시해 보여.

#03 Well, I think you'll look better if you take off that jacket.
음, 그 재킷을 벗어버리면 더 나아 보일 것 같다.

02 You're old school.

넌 너무 구식이야.

#01 I'm not old school. I'm just not into hip hop.
나 구식 아니야. 난 그냥 힙합에 관심이 없을 뿐이라고.

#02 No, I'm not. We just have a different taste in music.
아니야. 우리는 그냥 서로 음악적 취향이 다를 뿐이야.

#03 I'm not old school. I'm just old.
난 구식 아니야. 난 그냥 나이가 많을 뿐이야.

어휘 / 표현정리

- **overdressed** 지나치게 빼 입은
- **take off** ~을 벗다
- **hot** 섹시한
- **old school** 구식의(인)
- **be into** ~에 관심이 있다
- **have a different taste in** ~에 대한 취향이 다르다

03 Break a leg!
행운을 빌어!

#01 Thank you!
고마워!

#02 Thanks. I will cross my fingers for you, too.
고마워. 나도 널 위해 행운을 빌어줄게.

#03 Thanks. And good luck to you, too.
고마워. 너도 행운을 빌어.

04 You're the man!
넌 멋진 놈이야! / 네가 최고야!

#01 I know. I'm the man.
나도 알아. 내가 최고지.

#02 Yeah, I'm the top dog. No one can mess with me.
그래, 내가 짱이야. 아무도 나한테 까불지 못해.

#03 Right back at you, my friend.
너도 멋진 놈이야, 친구.

어휘 / 표현정리

- cross one's fingers for ~를 위해 행운을 빈다
- Break a leg!(=Good luck!) 행운을 빈다!
- mess with ~에게 까불다
- top dog 우두머리, 짱

Season 1 Episode 06

05 Can I be straight with you?

네게 솔직하게 말해도 될까?

#01 Sure. Go for it!

물론이지. 어디 한번 말해봐.

#02 Of course. Aren't you always straight with me?

물론이지. 너 항상 내게 솔직한 거 아니었어?

#03 Yes, telling the truth can't hurt you.

응, 진실을 말한다고 네가 다칠 건 없지.

06 I helped him cheat on his economics final.

그가 경제학 기말고사 커닝하는 거 내가 도와줬어.

#01 Why did you help him?

왜 그를 도와준 거니?

#02 Really? No wonder he got good grades.

정말로? 그가 좋은 성적을 받은 게 이상할 게 없구나.

#03 I don't believe you. That guy wouldn't cheat on the test.

난 네 말 안 믿어. 걘 시험에 커닝할 애가 아니야.

어휘 / 표현정리

- help a person + V 누가 ~하도록 도와주다
- be straight with ~에게 솔직해지다
- Go for it. 어디 한번 해봐.
- cheat (on) 커닝하다
- grades 성적
- final 기말고사

Review!

다음 각 A와 B의 대화문 빈칸에 들어갈 적절한 표현을 넣어보세요.
잘 기억이 나지 않는다고요? 그럼 앞으로 돌아가서 다시 복습하세요!

1. A : I did it! I finally set the world record!
   내가 해냈어. 세계 신기록을 세웠다고.
   B : ________________________ and I mean that!
   넌 진짜 최고야, 진심이야.

2. A : How do I look? ________________________
   나 어때 보여? 너무 과하게 차려입은 것 같아?
   B : Don't be nervous. You look absolutely great.
   긴장하지 마. 너 완전 멋져 보여.

3. A : I didn't know you listen to country music. __________
   네가 컨트리 음악을 듣는 줄 몰랐는데. 넌 너무 구식이야.
   B : Let's just say, I have a unique taste.
   그냥 내가 독특한 취향이 있다고 하자.

4. A : I have a job interview today. Oh, I'm so nervous.
   나 오늘 면접 있어. 오, 너무 긴장된다.
   B : Don't worry. You will do fine. ________________
   걱정 마. 넌 잘할 거야. 행운을 빌어!

5. A : Jason. ________________________
   제이슨. 내가 솔직히 말해도 될까?
   B : Why not? I want nothing but the truth from you.
   당연하지. 난 너한테 오직 진실만 듣기를 원해.

6. A : Jason is not good at economics. How did he pass the test? 제이슨은 경제학 못하는데. 걔가 어떻게 시험에 통과했대?
   B : Well, ________________________
   실은, 그가 경제학 기말고사 커닝하는 거 내가 도와줬어.

Season 1

Episode 07

01 You drunk-dialed her?

너 술 마시고 그녀에게 전화했다고?

#01 Yeah, I think I was so desperate.

응, 내가 너무 절망적이었던 것 같아.

#02 Yeah, I called her twice after I got drunk last night.

응, 어젯밤에 술 취해서 그녀에게 두 번이나 전화를 걸었어.

#03 Yeah, but she didn't pick up the phone, so I couldn't talk to her.

응, 하지만 그녀가 전화를 안 받아서 얘기는 못 했어.

02 Let's get some coffee.

커피나 한 잔하자.

#01 Sorry, I can't. I have to finish this first.

미안하지만 못해. 나 이것 먼저 끝내야만 해.

#02 Okay. Which do you prefer, Starbucks or Coffee Bean?

그래. 어디가 더 좋아, 스타벅스 아니면 커피빈?

#03 Coffee break! That's what I need right now.

커피 휴식! 그게 바로 지금 내가 필요한 거야.

어휘 / 표현정리

- **drunk-dial** 술 마시고 전화하다
- **pick up the phone** 전화를 받다
- **which do you prefer, A or B?** A와 B 중 어디가 더 좋아?

03 I'm not in this for the money.

내가 돈 때문에 이 일을 하는 게 아냐.

#01 Then, why are you in this industry?
그러면, 넌 왜 이 업계에 있는 건데?

#02 Then, you must be in this for the fame.
그러면, 명성 때문에 이 일을 하는 거군요.

#03 Bullshit. I know you love money, don't you?
헛소리하지 마. 난 네가 돈을 좋아하는 걸 알아, 그렇지 않아?

04 I'm good to go.

나 갈 준비됐어.

#01 Okay. I'm ready, too. Let's hit the road.
응, 나도 준비됐어. 출발하자!

#02 Wow, you look sharp in that suit.
와우, 그 양복 입으니 멋있어 보이는데!

#03 Just give me a minute. I'm almost ready.
1분만 줘. 나 거의 준비 다 됐어.

어휘 / 표현정리

- **for the money** 돈을 위해서
- **good to go** 갈 준비가 된
- **look sharp** 멋있어 보이다
- **bullshit** 헛소리, 개 뻥!
- **hit the road** 떠나다, 출발하다

Season 1

Episode 07

05 I'm late on my rent again.

나 집세가 또 밀렸어.

#01 Oh, no. Are you going to get evicted?
오, 저런. 너 집에서 쫓겨나게 생긴 거니?

#02 How much is the rent? I can lend you some money.
집세가 얼만데? 내가 돈을 좀 빌려줄 수 있어.

#03 What? Where do you spend all your money?
뭐? 넌 도대체 돈을 다 어디다가 쓰니?

06 You can give him a hard time.

갠 좀 힘들게 해도 돼.

#01 Are you sure? He's your brother.
확실해? 갠 네 동생이잖아.

#02 Are you cool with that?
그래도 괜찮겠어?

#03 Then, I'll give him one hell of a bad time.
그러면, 그에게 아주 지옥 같은 시간을 겪게 해주겠어.

어휘 / 표현정리

- be late on (~을 지불하는 것이) 늦다
- be cool with ~가 괜찮다, 상관없다
- give a person a hard time 힘들게 하다, 시련을 주다
- get evicted 쫓겨나다
- hell 지옥

다음 각 A와 B의 대화문 빈칸에 들어갈 적절한 표현을 넣어보세요.
잘 기억이 나지 않는다고요? 그럼 앞으로 돌아가서 다시 복습하세요!

1. A : ________________ Why did you that?
너 술 마시고 그녀한테 전화했다고? 왜 그랬어?
B : I don't know. Maybe I was too drunk.
나도 몰라. 아마 너무 취했었나봐.

2. A : You look worried. What's the matter?
너 걱정 있어 보인다. 무슨 일이야?
B : ________________ I'm gonna get evicted.
나 집세가 또 밀렸어. 나 쫓겨날 거 같아.

3. A : ________________ I'm buying.
커피나 한 잔 하자. 내가 살게.
B : Oh, that's an offer I can't refuse.
오, 그거 거절할 수 없는 제안인걸.

4. A : If he doesn't listen to you, ________________
걔가 네 말을 듣지 않으면, 걘 좀 힘들게 해도 돼.
B : Okay. I will keep that in mind.
알았어. 기억하고 있을게.

5. A : ________________
내가 돈 때문에 이 일을 하는 게 아냐.
B : Then, what are you in it for?
그럼, 뭐 때문에 하는 건데?

6. A : Max, are you ready yet?
맥스, 너 아직 준비 안 됐어?
B : Yes, ________________
응, 나 갈 준비됐어.

01 My money's on Kirsten.

난 커스틴에게 돈 걸게.

#01 Then, my money's on Amy. I'm sure she will win.
그럼, 난 에이미에게 건다. 그녀가 이길 거라고 확신해.

#02 Good choice. Kirsten sure knows how to fight.
좋은 선택이야. 커스틴은 확실히 싸우는 방법을 알지.

#03 I'm out. I'm not good at betting.
난 빠질래. 난 내기는 잘 못해.

02 When it rains it pours.

설상가상이네.

#01 Tell me about it. Now I have to make a tough decision.
내 말이. 이제 난 어려운 결정을 내려야 해.

#02 Yeah, bad things always happen at the same time.
응, 나쁜 일들은 항상 동시에 일어난다니까.

#03 Poor thing. Cheer up. I'm sure you will get through this.
불쌍한 것. 기운 내. 나 네가 이겨낼 수 있다고 확신해.

어휘 / 표현정리

- **my money is on** ~에게 돈을 걸다
- **at the same time** 같은 시간에
- **get through** 극복하다, 이겨내다
- **bet** 내기하다
- **poor thing** 불쌍한 것

03 Bon Voyage!

즐거운 여행되시길!

#01 Thank you. I will call you when I get back.

고마워요. 갔다 와서 전화하겠습니다.

#02 Thanks. I will send you a postcard.

고마워. 우편엽서 보낼게.

#03 Thanks. I will email you.

고마워. 이메일 보낼게.

04 I'm gonna nail this thing.

이거 해내고 말겠어.

#01 Go get them, tiger.

꼭 해내!

#02 That's the spirit. Show the world what you've got.

바로 그 정신이야. 세상에 네 능력을 보여줘.

#03 You can nail it! You are the man!

넌 해낼 수 있어. 네가 최고야!

어휘 / 표현정리

- **get back** 돌아오다
- **email** 이메일을 보내다
- **nail** 해내다, 성공하다
- **Bon Voyage!(=Have a nice trip.)** 즐거운 여행되세요.

Season 1

Episode 08

05 Pizza boy's here!

피자배달 왔다!

#01 Is he here already? Wow, that's fast.
벌써 왔어? 와우, 빠른데.

#02 Did we order pizza? I thought we ordered a chicken.
우리가 피자 주문했었어? 난 치킨 주문했다고 생각했는데.

#03 I will get the door. I have the money.
내가 문 열게. 나한테 돈이 있어.

06 I want to talk to you about some stuff.

몇 가지 일로 너랑 얘기 좀 하고 싶어

#01 Some stuff? What kind of stuff?
몇 가지 일? 무슨 종류의 일?

#02 Okay. I hope it's not something serious.
그래. 뭐 심각한 얘기는 아니었으면 좋겠다.

#03 All right. Let's go outside.
그래. 밖으로 나가자.

어휘 / 표현정리

- pizza boy 피자 배달원
- order 주문하다
- stuff 재료, 내용
- get the door 문을 열다
- something serious 무언가 심각한 것

다음 각 A와 B의 대화문 빈칸에 들어갈 적절한 표현을 넣어보세요.
잘 기억이 나지 않는다고요? 그럼 앞으로 돌아가서 다시 복습하세요!

1. A : _______________ I hope you enjoy your trip to France.
   즐거운 여행되시길! 프랑스로의 여행을 즐기셨으면 좋겠어요.

   B : Thank you. I will see you when I get back.
   고마워요. 돌아와서 뵙도록 하죠.

2. A : I got fired today, and I got robbed on my way home.
   나 오늘 해고당했어. 그리고 집으로 오는 길에 강도도 당했어.

   B : I'm sorry, man. That's why people say _____________
   유감이다. 그래서 사람들이 설상가상이라고 하는구나.

3. A : It's not going to be easy, but _____________________
   쉽지는 않겠지만, 이거 해내고 말겠어.

   B : Yes, you can do it. Don't let me down.
   응, 넌 할 수 있어. 날 실망시키지 마.

4. A : Somebody rang the doorbell. I guess _______________
   누가 초인종 눌렀어. 피자배달 왔나보다.

   B : Can you get the door? I'm a little busy right now.
   네가 문 좀 열어줄래? 나 지금 좀 바빠.

5. A : Kirsten and Amy is vying for the title.
   커스틴과 에이미가 타이틀을 놓고 경쟁하고 있어.

   B : Well, ___________________________ What about you?
   음, 난 커스틴에게 돈 걸게. 넌?

6. A : Jim. You got a minute? ___________________________
   짐, 시간 있니? 몇 가지 일로 너랑 얘기 좀 하고 싶어.

   B : Okay. Let's go get some coffee before we talk.
   그래. 얘기하기 전에 가서 커피 좀 가져오자.

Season 2 Episode 01

01 What's the deal?
도대체 왜 그러는데?

#01 I don't feel like working today. I need to go home and rest.
오늘 일할 기분이 아니야. 집에 가서 쉬어야 할 것 같아.

#02 Nothing. Just leave me alone.
아무것도 아냐. 그냥 날 내버려 둬.

#03 I've got nothing against you. I'm just a little tired. That's all.
너한테 나쁜 감정은 없어. 그냥 좀 피곤해. 그게 다야.

02 This year, you're going to jump to the next level. 올해, 넌 한 단계 더 성장하게 될 거야.

#01 Sounds good! I'll do my best.
듣기 좋은데요. 최선을 다할게요.

#02 That's exactly what I'm looking forward to.
그게 바로 제가 기대하고 있는 겁니다.

#03 That's right. This year is going to be my year.
맞아요. 올해는 제 해가 될 거에요.

어휘 / 표현정리

- I don't feel like ~ing ~할 기분이 아니다
- leave a person alone ~를 내버려 두다
- jump to the next level 다음 단계로 튀다
- look forward to ~을 기대하다
- have got nothing against ~에게 악감정 없다

03 He owes me a favor.

걔 나한테 신세 갚을 일이 있어.

#01 Then, he surely will help you this time.
그럼, 이번에 그가 너를 확실히 돕겠구나.

#02 Really? What did you do for him?
정말? 그를 위해서 무엇을 했는데?

#03 Why does he owe you a favor?
왜 그가 너에게 신세 갚을 일이 있는 거니?

04 I'm a multi-tasker.

난 여러 가지 일을 동시에 하는 스타일이야.

#01 Me, too. I usually do about 3 things at once.
나도 그래. 난 보통 한 번에 3가지 일을 해.

#02 Really? It helps a lot when you're in a rush, right?
정말? 그거 바쁠 때 도움이 많이 되지, 그렇지?

#03 I envy you for that. I can't focus more than one thing at once.
그거 부럽다. 난 동시에 한 가지 이상은 집중을 못해.

어휘 / 표현정리

- **at once** 동시에
- **envy** 질투하다
- **owe a person a favor** 신세를 지다
- **in a rush** 급할 때
- **multi-tasker** 한 번에 여러 가지 일을 진행하는 사람

05 You're not gonna keep me waiting, are you?

너 계속 날 기다리게 할 거 아니지, 그렇지?

#01 I wouldn't think of it. Let's go outside.
그런 생각하지도 않아. 밖으로 나가자.

#02 I will be out in a second. Sorry.
금방 나갈게. 미안.

#03 Okay. I will give you the answer now.
알았어. 지금 정답을 알려줄게.

06 Snap out of it.

정신 차려! / 꿈 깨!

#01 You don't think I stand a chance, do you?
너 내가 가능성이 있다고 생각하지 않는구나, 그렇지?

#02 Oh, I really should. I keep thinking about my ex-girlfriend.
아, 나 정신 차려야 하는데. 계속 전 여자친구 생각하고 있어.

#03 I know I have to, but I just can't help thinking about it.
나도 그래야 하는 거 아는데, 그 생각을 멈출 수가 없네.

어휘 / 표현정리

- in a second 금방, 곧
- stand a chance 가능성이 있다
- keep a person ~ing 누구를 계속 ~하게 하다
- can't help ~ing ~하는 것을 어쩔 수가 없다

다음 각 A와 B의 대화문 빈칸에 들어갈 적절한 표현을 넣어보세요.
잘 기억이 나지 않는다고요? 그럼 앞으로 돌아가서 다시 복습하세요!

1. A : You know what? I think I can fly.
   그거 알아? 난 하늘을 날 수 있다고.
   B : ________________ You're not making any sense.
   정신 차려. 말도 안 되는 소릴 하고 있어.

2. A : Bartender! ____________ I need another drink right now!
   바텐더! 날 계속 기다리게 할 거 아니죠, 그렇죠? 지금 당장 한 잔 더 가져다 줘요.
   B : Sorry about that. Here is your drink.
   기다리게 해서 죄송합니다. 여기 술 가져 왔습니다.

3. A : I'm going to ask Jack for help. ________________
   잭에게 도움을 요청할 거야. 걔 나한테 신세 갚을 일이 있어.
   B : Why does he owe you a favor?
   왜 걔가 너에게 신세 갚을 일이 있는 건데?

4. A : You're late again today. ________________
   너 오늘 또 늦었구나. 도대체 왜 그러는 건데?
   B : I'm sorry I'm late. The traffic was terrible.
   늦어서 미안해요. 차가 너무 막혔어요.

5. A : You did well last year. And ________________
   작년에 잘 해주셨어요. 올해는 한 단계 더 성장하게 될 겁니다.
   B : I really hope so.
   저도 정말 그러길 바래요.

6. A : ________________________________
   난 여러 가지 일을 동시에 하는 스타일이야.
   B : That must be helping a lot.
   그거 도움이 많이 되겠다.

Season 2 Episode 02

01 I'm gonna beat the shit out of you.

널 아주 두들겨 패버리겠어.

#01 Bring it on, dumbass.

어디 한번 해봐, 멍청한 자식아.

#02 I will make you regret saying that to me.

너 그 말 한 것 후회하게 해 주겠어.

#03 Why? What did I do wrong?

왜? 내가 뭘 잘못했는데?

02 This is so sweet.

이거 너무 멋지걸!

#01 Yeah, this is awesome!

응, 이거 완전 멋지다.

#02 Tell me about it. This is gnarly!

내 말이. 이거 아주 끝내준다.

#03 Yeah, it's cool. Absolutely cool!

응, 멋지다. 완전 멋져.

어휘 / 표현정리

- **beat the shit out of a person** ~를 두들겨 패다 • **Bring it on.** 어디 한번 해봐.
- **sweet(=cool, awesome, gnarly)** 멋진, 끝내주는
- **I'll make you regret ~ing** ~한 걸 후회하게 해주겠어

03 Way to go!

힘 내! / 잘한다! / 파이팅!

#01 Thanks. Your support keeps me going.
고마워. 네 응원이 나를 계속 가게 해.

#02 Yeah, way to go Manchester United!
파이팅! 맨체스터 유나이티드!

#03 Yeah, you can win this competition!
그래, 너 이 시합을 이길 수 있어!

04 Your brother's a freak.

네 형 좀 이상한 것 같다.

#01 True. He's a freak.
맞아. 그는 좀 괴짜야.

#02 That's right. You'd better stay away from him.
맞아. 너 그한테서 떨어져 있는 게 좋아.

#03 Yeah, he acts like he's from another planet.
응, 마치 다른 별에서 온 것처럼 행동하지.

어휘 / 표현정리

- **freak** 정신적으로 이상한 놈, 변태
- **stay away from** ~로부터 떨어져 있다
- **keep a person going** ~를 지탱하여 가게 하다
- **act like** 마치 ~처럼 행동하다

05 She didn't bail on me. She got sick.

그녀가 날 퇴짜 놓은 건 아냐. 아팠대.

#01 And you believe her? You're so naive.
너 그녀를 믿는 거야? 너 정말 순박하구나.

#02 No, she wasn't sick. She was meeting someone else.
아니, 그녀는 아픈 게 아니라 다른 사람을 만나고 있었어.

#03 What are you, dumb? She didn't show up on your birthday!
너 바보냐? 걘 네 생일에 나타나지 않은 거라고!

06 Don't beat around the bush.

돌려서 말하지 마.

#01 Okay. I will get to the point.
알았어. 본론으로 들어갈게

#02 All right. I will level with you. I don't like your girlfriend.
알았어. 솔직히 말할게. 난 네 여자친구가 맘에 안 들어.

#03 Okay. I will tell you what's on my mind.
알았어. 내가 무슨 생각을 하고 있는지 말해줄게.

어휘 / 표현정리

- bail (on) ~를 퇴짜 놓다
- get to the point 요점으로 들어가다
- beat around the bush 말을 빙빙 돌리다
- naive (멍청할 정도로) 순진한
- level with ~에게 솔직히 말하다
- show up 나타나다

다음 각 A와 B의 대화문 빈칸에 들어갈 적절한 표현을 넣어보세요.
잘 기억이 나지 않는다고요? 그럼 앞으로 돌아가서 다시 복습하세요!

1. A : This is a tough game. How am I doing?
   힘든 게임이네. 나 어때?

   B : You're doing great! ____________________ Keep it up!
   너 잘하고 있어. 파이팅! 계속 그렇게 해!

2. A : Kate said she would come and meet you, and she bailed?
   케이트가 와서 널 보겠다고 말해놓고, 널 퇴짜 놓아 버린 거야?

   B : No, ____________________
   아냐. 그녀가 날 퇴짜 놓은 건 아냐. 아팠대.

3. A : Shut up, or ____________________
   입 닥쳐, 안 그러면 널 아주 두들겨 패버리겠어.

   B : What did you say? You picked a wrong person.
   너 뭐라고 했어? 너 사람 잘못 골랐어.

4. A : Look at this car. ____________________
   이 차 좀 봐봐. 이거 너무 멋진걸.

   B : Yeah, it's awesome. This cost over 100,000 dollars.
   응, 죽여준다. 이거 10만 달러 이상 가는 거야.

5. A : No offense, but I think ____________________
   기분 나쁘게 하려는 건 아닌데, 네 형 좀 이상한 것 같아.

   B : No, he's not. He just likes women very much.
   아니, 그런 거 아냐. 형은 그냥 여자를 좀 많이 좋아하는 거야.

6. A : ____________________ Why don't you just get to the point?
   돌려서 말하지 마요. 그냥 핵심을 말하는 게 어때요?

   B : Okay. I will tell you what happened. Just don't get angry.
   알았어요. 무슨 일이 있었는지 말하죠. 화내지 마세요.

Season 2

Episode 03

01 Can you advance me six weeks salary?
6주치 급여 가불 받을 수 있어요?

#01 6 weeks? What do you need 3,000 dollars for?
6주치? 무슨 일로 3,000달러나 필요한 건데?

#02 You know that system. You should ask Eric first.
너 시스템 알잖아. 에릭한테 먼저 물어봐.

#03 I'm sorry. I don't think I can.
미안하지만, 안 되겠네.

02 What's your price range?
얼마 정도 예상하고 계신가요?

#01 The cheaper the better.
쌀수록 더 좋죠.

#02 My price range is around 200 to 300 dollars.
200에서 300달러 정도 예상하고 있어요.

#03 Money is no object.
돈은 문제될 것이 없어요.

어휘 / 표현정리

- advance 앞당겨 주다
- price range 가격대
- over my dead body (강한 부정) 절대 안 돼
- the 비교급, the 비교급 ~할수록 ~하다

03 A million bucks sure ain't what it used to be. 백만 달러가 예전 백만 달러가 아니야.

#01 You're right. We can't even buy a decent house with a million dollars.
네 말이 맞아. 이젠 백만 달러로 괜찮은 집도 못 산다니까.

#02 Yeah, inflation is going crazy these days.
응, 요즘 인플레이션이 완전 미쳤지.

#03 A million dollars? I wish I had a million dollars.
백만 달러라고? 난 백만 달러나 있었으면 좋겠다.

04 They don't have the balls.
걔들은 그럴 배짱이 없어.

#01 That's right. They don't have the balls to do it.
맞아. 걔들은 그걸 할 배짱이 없어.

#02 You're wrong. They are braver than you think they are.
너 틀렸어. 걔들은 네가 생각하는 것보다 더 용감해.

#03 Yeah, they are all chickens.
응, 걔들은 모두 겁쟁이들이야.

어휘 / 표현정리

- **ain't(=isn't)** ~가 아니다
- **chicken** 겁쟁이
- **I wish I had~** 나도 ~가 있었으면 좋겠다
- **have the balls** 배짱이 있다

Season 2

Episode 03

05 Isn't that something?

저거 대단하지 않나요?

#01 Yeah, I can't argue with that.
응, 왈가불가할 필요가 없지.

#02 Yes, it is. That is the tallest building I've ever seen.
응, 그러네. 내가 본 빌딩 중에 가장 높은 빌딩이다.

#03 Not really. Because I've seen better.
꼭 그렇진 않아. 왜냐면 난 더 나은 걸 본 적이 있거든.

06 That guy's ripping you off.

저 놈은 너희 바가지 씌우는 거야.

#01 Really? How do you know that?
정말? 너 그걸 어떻게 알아?

#02 I knew it. 200 dollars for this is too expensive.
그럴 줄 알았어. 이게 200달러는 너무 비싸잖아.

#03 I knew it. I'll go talk to him and ask for a refund.
그럴 줄 알았어. 가서 따지고 환불 요청해야겠어.

어휘 / 표현정리

- something (내포적 의미) 대단한 것
- argue 논쟁하다
- rip someone off ~를 바가지 씌우다
- ask for a refund 환불 요청하다

다음 각 A와 B의 대화문 빈칸에 들어갈 적절한 표현을 넣어보세요.
잘 기억이 나지 않는다고요? 그럼 앞으로 돌아가서 다시 복습하세요!

1. A : ______________________ sir?
   얼마 정도 예상하고 계신가요, 손님?
   B : Around 500 dollars. I can't spend more than that.
   500달러 정도요. 그 이상은 돈을 쓸 수가 없어요.

2. A : Do you think they can bungee jump?
   쟤들이 번지점프할 수 있을 거라고 생각해?
   B : Not a chance. ______________ to do it.
   절대 불가능해. 걔들은 그걸 할 배짱이 없어.

3. A : You paid a million bucks for this house, and it doesn't even have a pool?
   너 집 사는데 100만 달러나 썼는데, 집에 수영장도 없다고?
   B : Yeah, ______________________
   응, 백만 달러가 예전 백만 달러가 아냐.

4. A : ______________________
   6주치 급여 가불 받을 수 있어요?
   B : What for? That's quite a sum of money.
   무슨 일로? 그거 꽤 큰돈이잖아.

5. A : Hey, Look ah that car. ______________
   야, 저 차 좀 봐봐. 저거 대단하지 않아?
   B : It's awesome. I guess it's the Ferrari's latest model.
   멋지네. 페라리 최신 모델인 것 같다.

6. A : 100 dollars for this shirt? ______________
   이 셔츠가 100달러라고? 저 놈은 너희 바가지 씌우는 거야.
   B : Really? Do you know how much it is originally?
   정말? 너 이게 원래 얼마인지 알고 있는 거야?

Season 2 Episode 04

01 You know I got a great eye.

내가 안목이 좀 있다는 거 알잖아.

#01 Sorry, but I didn't know you got a great eye for this.

미안하지만, 네가 이 부분에 안목이 있는 줄 몰랐네.

#02 A great eye, my ass.

안목은 개뿔.

#03 I don't know. I've never thought that you have a great eye.

모르겠어. 난 네가 안목이 있다고는 절대 생각해보질 않아서.

02 We're a little low on cash flow right now.

우리가 요즘 돈(현금)벌이가 시원찮아서 말이지.

#01 Then, why don't you guys get a second job?

그러면, 너희 투잡을 뛰는 건 어때?

#02 Really? I thought your business was booming.

정말? 난 네 사업이 번창하고 있다고 생각했는데.

#03 Me, too. Everybody is suffering from this financial crisis.

나도 그래. 모든 사람들이 이 금융위기에 고생하고 있다니까.

어휘 / 표현정리

- **my ass** 웃기시네, 개뿔
- **financial crisis** 금융위기
- **have(got) a great eye (for)** ~에 대한 안목이 있다
- **low on cash flow** 현금유입이 낮다, 돈벌이가 시원찮다

03 Now's not a good time.

지금은 때가 좋지를 않아. / 지금은 좀 바빠.

#01 Oh, sorry. When can I call you back?
오, 미안해. 언제 다시 전화할까?

#02 Okay. Then how about tomorrow?
알았어. 그러면 내일은 어때?

#03 All right. Then, can you give me a call when you're not busy?
알았어. 그럼, 바쁘지 않을 때 내게 전화 줄 수 있어?

04 Things are finally starting to pan out for me.

마침내 나도 일들이 잘 풀리기 시작하는구나.

#01 Yeah, from now on, your life will be more enjoyable.
그래, 이제부터 네 삶은 더 즐거워질 거야.

#02 It will only get better and better. You deserve it.
앞으로 더 더욱 나아질 거야. 넌 그럴 자격 있어.

#03 I guess your hard work is paying off.
네가 열심히 일한 게 드디어 보답을 하나보다.

어휘 / 표현정리

- **How about ~?** ~는 어때?
- **pay off** 성과가 나타나다
- **get better and better** 더 더욱 좋아지다
- **pan out** 잘되다, 성공하다
- **from now on** 지금부터
- **deserve** 자격이 있다

Season 2

Episode 04

05 You are slacking.
너 빈둥거리고 있구나.

#01 No, I'm not. I'm just taking a short break.
아니거든. 잠깐 쉬고 있는 것뿐이야.

#02 Look who's talking! You're the one who's slacking off.
사돈 남 말하네. 빈둥거리는 거 너잖아.

#03 Yeah, whatever.
네, 맘대로 생각하세요.

06 Happiness is a state of mind.
행복은 마음에서 오는 거야

#01 I don't think so. Happiness is all about money.
난 그렇게 생각 안 해. 행복은 오직 돈에서 생기는 거야.

#02 Oh, cut the crap.
아, 헛소리 그만해.

#03 Exactly. No one can buy happiness with money.
옳다구나! 아무도 돈 주고 행복을 살 수는 없는 거지.

어휘 / 표현정리

- slack (off) 빈둥거리다, 농땡이치다
- look who's talking 사돈 남 말하네
- whatever 그러시던지요, 맘대로 하세요
- take a break 쉬다
- cut the crap 헛소리 그만해

다음 각 A와 B의 대화문 빈칸에 들어갈 적절한 표현을 넣어보세요.
잘 기억이 나지 않는다고요? 그럼 앞으로 돌아가서 다시 복습하세요!

1. A : So, who's going to decorate the living room?
   그럼, 누가 거실을 장식할 거지?

   B : I will do it. ____________________ You can count on me.
   내가 할게. 내가 안목이 좀 있다는 거 알잖아. 날 믿어도 돼.

2. A : I got a job, and I got a girlfriend. ____________________
   나 일자리도 구했고, 여자친구도 얻었어. 마침내 나도 일들이 잘 풀리기 시작하는구나.

   B : I'm glad everything is going well in your life.
   너 모든 게 잘 풀려서 나도 기쁘다.

3. A : We cannot buy it. ____________________
   우린 그거 못 사요. 우리가 요즘 돈벌이가 시원치 않아서 말이죠.

   B : Don't worry. We take credit cards, too.
   걱정하지 마세요. 저희 신용카드도 받는답니다.

4. A : What are you doing out here? ____________________
   너 여기서 뭐하는 거야? 너 빈둥거리고 있잖아.

   B : Oh, you got me. Don't tell anyone else I'm here.
   이런 딱 걸렸네. 내가 여기 있다는 거 아무에게도 말하지 마.

5. A : Can I talk to you about something?
   너랑 얘기 좀 해도 될까?

   B : Sorry, ____________________ I'm on my way out.
   미안, 지금은 좀 바빠. 나 나가는 중이야.

6. A : __________ If you think you're happy, then you're happy.
   행복은 마음에서 오는 거야. 행복하다고 생각하면 행복한 거지.

   B : By saying that, you sound like a monk.
   너 그 말 하니까, 꼭 수도승 같다.

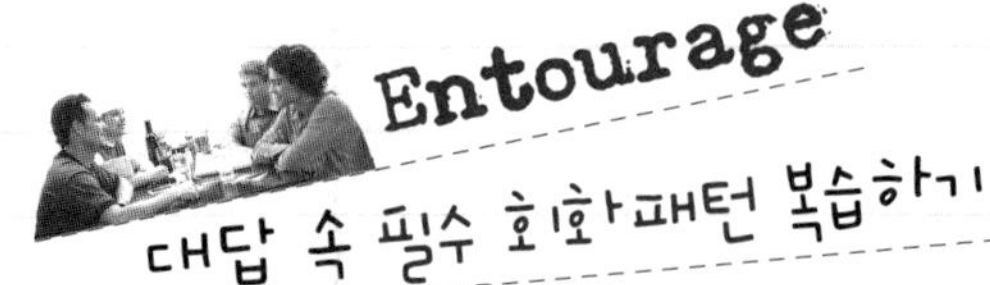

01 He's been + 동사 ing : 그는 ~ 해왔다.

He's been working really hard. 그는 정말 열심히 일해왔다.

He's been doing his best. 그는 최선을 다해왔다.

Speak Yourself! 그는 하루 종일 잠만 자왔다. (sleep all day)

02 How about + 동사 ing : ~하는 건 어때?

How about taking him to the club tonight? 그를 오늘 밤 클럽에 데려가는 건 어때?

How about asking him out? 그에게 데이트 신청하는 건 어때?

Speak Yourself! 도서관에 가는 건 어때? (go to the library)

03 Would you like to + 동사 : ~하실래요?

Would you like to go to dinner with me? 저와 같이 저녁식사하실래요?

Would you like to go see the movie with me? 저와 같이 영화 보러 가실래요?

Speak Yourself! 커피 한 잔 하실래요? (have a coffee)

Answer 1. He's been sleeping all day. 2. How about going to the library? 3. Would you like to have a coffee?

04 I will go + 동사 : 내가 가서 ~할 게.

I will go get it. 내가 가서 가져올게.

I will go ask her. 내가 가서 그녀에게 물어볼게.

Speak Yourself! 내가 가서 그와 이야기 해볼게. (talk to him)

05 I find that hard to + 동사 : 그거 ~하기 어렵군요.

I find that hard to believe. 그거 믿기 어렵군요.

I find that hard to understand. 그거 이해하기가 어렵군요.

Speak Yourself! 그거 대답하기가 어렵군요. (answer)

06 I'm too tired to + 동사 : 나 ~하기에는 너무 피곤해.

I'm too tired to do a work-out today.
오늘은 운동하기에는 너무 피곤해.

I'm too tired to go out now. 지금 밖에 나가기에는 너무 피곤해.

Speak Yourself! 지금 너랑 얘기 나누기에는 너무 피곤해. (talk to you now)

4. I will go talk to him. 5. I find that hard to answer. 6. I'm too tired to talk to you now.

07 No wonder + 주어 + 동사 : ~하는 게 이상할 것이 없구나.

No wonder he got good grades.
그가 좋은 성적을 받은 것이 이상할 것이 없구나.

No wonder she doesn't like you.
그녀가 널 싫어하는 게 이상할 것이 없구나.

Speak Yourself! 네가 돈이 없는 게 이상할 게 없구나.
(you don't have any money)

08 Which do you prefer, A or B? : A와 B 중 어느 쪽이 더 좋아?

Which do you prefer, English or Japanese?
영어와 일본어 중 어느 쪽이 더 좋아?

Which do you prefer, hamburger or pizza?
햄버거와 피자 중 어느 쪽이 더 좋아?

Speak Yourself! 스키와 스노우보드 중 어느 쪽이 더 좋아?
(skiing, snowboarding)

09 I'm not good at + 명사 : 난 ~를 잘 못해.

I'm not good at swimming. 난 수영을 잘 못해.
I'm not good at cooking. 난 요리를 잘 못해.

Speak Yourself! 난 내기는 잘 못해. (bet)

Answer 7. No wonder you don't have any money. 8. Which do you prefer, skiing or snowboarding? 9. I'm not good at be

10 **I can't help** + 동사 ing : ~하는 것을 나도 어쩔 수가 없어.

I can't help **thinking about her.** 그녀 생각을 하는 것을 나도 어쩔 수가 없어.

I can't help **eating a lot.** 과식하는 것을 나도 어쩔 수가 없어.

Speak Yourself! 그녀와 사랑에 빠지는 걸 어쩔 수가 없어.
(fall in love with her)

11 **I'll make you** + 동사 : 내가 널 ~하게 해주겠어.

I'll make you **regret it.** 내가 널 그거 후회하게 해주겠어.

I'll make you **eat vegetables.** 내가 널 야채를 먹게 해주겠어.

Speak Yourself! 내가 널 좋은 성적 받게 해주겠어. (get good grades)

12 **The** 비교급, **the** 비교급 : ~할수록 더 ~하다.

The **cheaper,** the **better.** 쌀수록 더 좋죠.

The **more,** the **better.** 많을수록 더 좋죠.

Speak Yourself! 예쁠수록, 더 좋죠. (pretty, good)

10. I can't help falling in love with her. 11. I'll make you get good grades. 12. The prettier, the better.

THE MENTALIST는 이런 미드다!

The Mentalist는 2009년 전 미국 부동의 시청률 1위를 달리던 CSI를 꺾고 당당히 전미 시청률 1위를 빼앗은 현재 가장 인기 있는 수사물 시리즈 미드입니다. 기존의 범죄 수사물들이 철저히 증거를 위주로 하여, 화려한 그래픽과 함께 과학적으로 수사를 접근해 왔다면, The Mentalist는 사람의 심리를 기가 막히게 꿰뚫어 보는 주인공에 의해서 소위 말하는 '감'을 통해 사건을 해결하는 독특한 전개방식을 취하고 있습니다.

특히 주인공인 패트릭 제인 역할을 맡은 사이먼 베이커의 능청스러운 연기와 어린아이 같은 환한 미소는 많은 여성시청자들의 마음을 빼앗아 버리고 말았죠. 또 한 가지, 한국 사람으로서 이 드라마를 보는 재미는 한국계 배우인 팀강이 비중 있는 조연급 수사요원으로 드라마에 등장한다는 사실입니다. 낮게 깔리는 저음의 독특한 목소리를 가진 이 한국 배우의 열연을 지켜보는 것도 이 드라마를 시청하는 한국 사람들에게는 왠지 모를 뿌듯함을 준다고나 할까요? 수사물이지만 수사물답지 않게 중간중간 코믹스러운 장면들이 많이 등장하여, 절대 무겁지 않은 재미를 선사하는 The Mentalist의 재미에 독자 여러분들도 한 번 빠져 보시자고요!!

드라마 The Mentalist에 관한 더 많은 내용들을 알고 싶으면 다음 사이트들을 방문해 보세요. 공식 홈페이지에서부터 팬들이 만든 팬 사이트까지 The Mentalist에 관한 다양한 사진 및 영상 자료들이 있으니 심심할 때 한 번씩 방문해서 살펴보는 것도 여러분의 영어 공부에 도움이 될 겁니다.

- http://www.cbs.com/primetime/the_mentalist/
- http://www.thementalisttvshow.com/?t=anon
- http://tv.yahoo.com/the-mentalist/show/43011
- http://epguides.com/Mentalist/
- http://www.fanpop.com/spots/the-mentalist

The Mentalist의 등장인물

패트릭 Patrick

능글능글 엉뚱한 질문을 하며 사람을 당황하게 하지만, 그 속에서 진실을 알아내는 뛰어난 직관력과 관찰력을 가지고 있다. 자신이 방송에서 한 말로 인해 연쇄살인범에게 아내와 딸을 잃고 방황했지만, 그 이후로 범인을 잡기 위해 CBI(캘리포니아 수사 사무국)에 컨설턴트로 들어가 수사를 돕는다. 증거를 중시하는 기존의 팀원들과 초반에는 트러블을 겪지만, 대부분의 사건을 그가 풀어내면서 조금씩 신뢰를 쌓아간다.

테레사 Teresa

CBI의 한 팀을 이끄는 팀장으로 증거를 중시하는 깐깐한 성격이라 처음에는 패트릭과 충돌하지만, 점차 그를 신뢰하며 많은 의지를 한다. 뛰어난 카리스마로 부하들을 잘 이끌며, 수사를 지휘한다.

웨인 Wayne

프로레슬링 선수로 전향해도 손색이 없을 정도의 큰 키와 덩치를 갖고 있는 수사요원으로 겉모습과는 달리 여자 문제에 있어서는 소심함이 지나쳐서 탈인 캐릭터다. 순진하고 우직한 그는 신참인 그레이스에게 호감이 있지만 고백도 못한 채 가슴앓이만 한다.

킴벌 Kimball

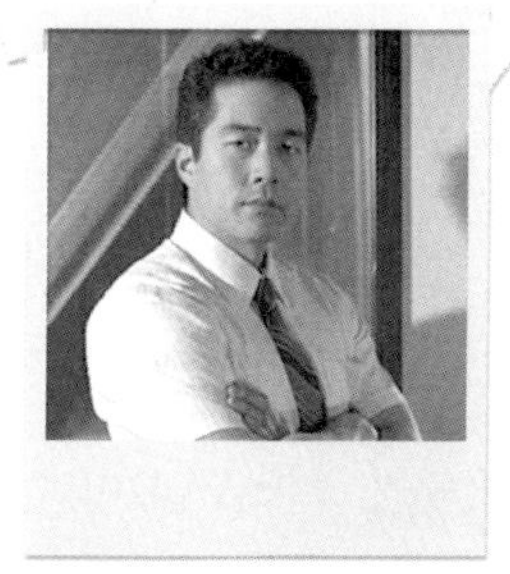

딱딱하고 표정 없는 얼굴로 사건을 처리하며 냉정한 척 하지만, 실은 여린 구석이 있는 캐릭터이다. 주로 용의자들의 심문을 맡아서 하며, 나름 유머감각이 넘치는 캐릭터다. 실제 한국인 교포로 드라마 상에서도 성이 "조(cho)"로 등장한다.

그레이스 Grace

팀에서 가장 막내로, 큰 키와 쫙 빠진 몸매와 함께 섹시한 외모를 가지고 있다. 자신을 짝사랑하는 Wayne에게 관심이 있으나, 직장에서의 연애가 금지되어 있기에 고민을 한다.

01 I used to make a good living.

나도 한땐 잘 살았어.

#01 Me, too. I used to make a good living from my business.
저도 그래요. 저도 제 사업으로 한땐 잘 살았었죠.

#02 Yeah, I know. You were pretty rich back then.
응, 나도 알아. 너 그 당시 꽤나 부자였지.

#03 Yeah, good old days, huh?
그래, 옛날이 좋았지, 그렇지?

02 Get the hell out of my house.

내 집에서 당장 꺼져!

#01 Hey, Chill. I will get the hell out. Okay?
이봐. 진정해. 나 나갈게. 알았지?

#02 If I don't, what are you gonna do? Shoot me?
안 나가면 어쩔 건데? 총으로 쏠 거야?

#03 Fine! I was about to leave.
알았어! 그러지 않아도 가려던 참이었어.

어휘 / 표현정리

- **get the hell out** 당장 썩 꺼져
- **be about to + V** 막 ~하려고 하다
- **make a good living** 잘 먹고 잘 살다
- **chill** 진정하다
- **I used to + V** ~하곤 했다 (지금은 더 이상 아니다)

03 Be silent.

조용히 하고 있어.

#01 Don't worry. I will keep my mouth shut and stay still.
걱정 마세요. 입 다물고 가만히 있을게요.

#02 Okay. I'll be quiet.
알았어요. 조용히 할게요.

#03 Okay. I can learn to do that.
알았어요. 조용히 하는 법을 배우도록 하죠.

04 Do you know what your problem is?

너 네 문제가 뭔지 알아?

#01 How would I know what my problem is?
내가 내 문제가 뭔지 어떻게 알겠어?

#02 Oh, I didn't know I have a problem.
오, 내게 문제가 있는지 난 몰랐네.

#03 I have no idea. Why don't you tell me?
전혀 모르겠는데. 네가 내게 말해주지 그래?

어휘 / 표현정리

- **silent** 침묵하는, 고요한
- **keep one's mouth shut** 입 다물고 있다
- **stay still** 가만히 있다
- **Why don't you ~** 너 ~하는 게 어때?
- **How would I know ~?** 내가 어떻게 ~을 알겠어?

05 I beg to differ.
저는 의견(생각)이 다릅니다.

#01 Then, I'd like to hear your thoughts.
그럼, 네 생각을 들어보고 싶어.

#02 Really? I thought we were in the same boat.
정말? 난 우리가 같은 처지(입장)라고 생각했었는데.

#03 If you disagree with me, tell my why.
내 의견에 동의하지 않으면 이유를 말해줘.

06 I'm being framed.
전 모함당하고 있는 겁니다.

#01 Well, who would want to frame you?
글쎄요, 누가 당신을 모함하려고 할까요?

#02 Admit it. We know you did it.
자백해. 우린 네가 했다는 것을 알고 있어.

#03 Being framed? Is that the best you can come up with?
모함당하고 있다고? 고작 생각해 낸 게 그 말이야?

어휘 / 표현정리

- hear one's thought ~의 생각을 듣다
- I'm being + p.p ~당하고 있는 것이다
- in the same boat 같은 처지(입장)인
- differ 다르다
- frame 모함하다
- come up with ~을 생각해내다

다음 각 A와 B의 대화문 빈칸에 들어갈 적절한 표현을 넣어보세요.
잘 기억이 나지 않는다고요? 그럼 앞으로 돌아가서 다시 복습하세요!

1. A : ______________________________
   나도 한땐 잘 살았어.
   B : Yeah, I know. How much do you get paid now?
   응, 나도 알아. 지금은 봉급을 얼마나 받니?

2. A : You may have a point, but ______________________________
   네 말도 일리는 있는데, 내 의견을 달라.
   B : Okay. Then, can I hear you opinion on this?
   좋아. 그러면, 이것에 대한 네 의견을 들을 수 있을까?

3. A : Jimmy, ____________ I can't concentrate because of you.
   지미, 조용히 하고 있어. 너 때문에 집중할 수가 없잖아.
   B : Oh, sorry. I wont' say anything from now on.
   아, 미안해. 지금부터 아무 말도 안 할게.

4. A : I don't want you here. ______________________________
   네가 여기 있는 게 싫어. 내 집에서 당장 꺼져!
   B : Fine! You and I are not friends anymore!
   좋아! 너랑 나랑은 더 이상 친구가 아냐.

5. A : I didn't killer her. ______________________________
   난 그녀를 죽이지 않았어요. 전 모함당하고 있는 겁니다.
   B : I don't think so, because the evidence tells different story.
   난 그렇게 생각하지 않아요. 왜냐면 증거들은 다른 얘기를 하고 있거든요.

6. A : ______________________________
   너 네 문제가 뭔지 알아?
   B : No, I don't. What is my problem?
   아니, 몰라. 내 문제가 뭔데?

01 Maybe she has a secret crush on me.

아마도 그녀가 날 몰래 짝사랑하나봐.

#01 Yeah, you wish.
그래, 그러길 바라겠지.

#02 Yeah, in your dreams!
그래, 네 꿈에서나 그럴 거야.

#03 A secret crush on you? Don't make me laugh.
널 몰래 짝사랑한다고? 날 웃기지 마.

02 I swear to God.

하나님께 맹세해.

#01 Swear to God? You're not even Christian.
하나님께 맹세한다고? 너 기독교인도 아니잖아.

#02 You don't have to swear to God. I trust you.
하나님께 맹세할 필요까진 없어. 난 널 믿어.

#03 Okay. I'll believe what you say.
알았어. 네 말을 믿을 게.

어휘 / 표현정리

- **have a crush on** ~를 짝사랑하다
- **swear** 맹세하다
- **You wish!(=In your dreams!)** 그러길 바라겠지. 꿈속에서나 가능할 거야.

03 Cool down.

진정해. / 열 좀 식혀.

#01 Then, don't make me upset.
그러면, 날 열 받게 하지 마.

#02 I will. Sorry I lost my temper.
진정할게. 화내서 미안해.

#03 Okay. I'm sorry. I didn't mean to shout at you.
알았어. 미안해. 너한테 소리 지르려던 건 아니야.

04 You're making this up.

너 이거 지어내고 있는 거야.

#01 No, I'm not. I'm telling you the truth.
아니, 그렇지 않아. 난 네게 진실을 말하고 있는 거야.

#02 Tell me one good reason why I would make this up.
내가 이걸 지어낼 그럴 듯한 이유 한 가지를 말해 봐요.

#03 I understand that it's hard for you to believe.
당신에게 믿기 어려울 거란 거 이해해요.

어휘 / 표현정리

- **cool down(=chill / calm down)** 진정해
- **make up** 지어내다, 꾸며내다
- **I didn't mean to + V** ~하려던 것은 아니었다
- **lose one's temper** 화를 내다

05 I will get rolling!

착수하도록 하겠습니다.

#01 Okay. Make no mistake. I will see you later.
그래. 실수하지 말고. 나중에 보자.

#02 Make sure you get there on time.
확실히 제 시간에 도착하도록 해요.

#03 Good. Let me know when you're done.
좋아요. 완료되면 제게 알려주세요.

06 I run a motel.

전 모텔을 운영합니다.

#01 Oh, really? Where is your motel located?
오, 정말요? 모텔이 어디에 위치해 있나요?

#02 Wow, you must be quite rich. I'm just an office clerk.
와우, 당신 꽤 부자시겠네요. 전 그냥 사무직원입니다.

#03 That's great. May I ask how big your motel is?
멋진데요. 모텔이 얼마나 큰지 여쭤도 될까요?

어휘 / 표현정리

- on time 제 시간에
- run ~을 운영하다
- office clerk 사무직원
- get rolling (~을) 착수하다
- make sure ~을 확실히 하다

다음 각 A와 B의 대화문 빈칸에 들어갈 적절한 표현을 넣어보세요.
잘 기억이 나지 않는다고요? 그럼 앞으로 돌아가서 다시 복습하세요!

1. A : Mr. Clark. What do you do for a living?
클락 씨. 무슨 일을 하시죠?
B : ____________________ in New York. What about you?
전 뉴욕에서 모텔을 운영합니다. 당신은요?

2. A : Can you finish the report by the end of this week?
이 보고서 이번 주말까지 끝낼 수 있어?
B : No problem. ____________________
문제없어요. 착수하도록 하겠습니다.

3. A : You're lying! ____________________
너 거짓말하고 있는 거야. 너 이거 지어내고 있는 거잖아.
B : No, I'm not. It was your brother who killed her.
아니거든요. 그녀를 죽인 건 바로 네 형이야.

4. A : ____________________ I'm sorry if I offended you.
진정해요. 기분 나쁘게 했다면 미안해요.
B : You'd better watch your mouth from now on.
이제부터 입 조심하는 게 좋을 거요.

5. A : I didn't steal that money. ____________________
난 그 돈을 훔치지 않았어요. 하나님께 맹세해요.
B : Then, how did you buy that expensive watch?
그러면 그 비싼 시계는 어떻게 산 거지?

6. A : Do you know why Jenny keeps staring at you?
너 왜 제니가 널 계속 쳐다보고 있는 건지 아니?
B : I don't know. ____________________
몰라. 아마도 그녀가 날 몰래 짝사랑하나보지.

01 He is not as clever as he thinks he is.

그는 그가 생각하는 것만큼 똑똑하지 않아.

#01 You're right. I think he is overestimating himself.
네 말이 맞아. 난 그가 자신을 과대평가하고 있는 것 같아.

#02 I don't know about that. But he is definitely cleverer than us. 그건 잘 모르겠지만, 그는 분명 우리보다는 똑똑해.

#03 Honestly, he is not even close to being clever.
솔직히, 그는 똑똑한 것 근처에도 가지 못해.

02 You've gotta let it go.

이제 그만 잊어버려. / 이제 그만 놓아줘.

#01 Why don't you leave me alone?
그냥 날 좀 내버려 두지 않을래?

#02 I know. But I just can't let it go.
나도 알아. 하지만 잊어버릴 수가 없어.

#03 I know it's an obsession, but I just can't let it go.
나도 이게 집착인 거 알아, 하지만 놓아 줄 수가 없어.

어휘 / 표현정리

- **as…as ~** ~만큼 …한
- **overestimate** 과대평가하다
- **not even close to** ~에 근사하지도 않은
- **let something go** 놓아주다, 잊어버리다

03 It's not my business.

나하고는 상관없는 일이야.

#01 Yeah, it's not your business.
응, 그건 네가 상관할 일이 아니야.

#02 So, are you going to stay out of it?
그래서 너 상관 안 할 거야?

#03 Don't be so selfish. We've gotta help her.
이기적으로 굴지 마. 우리는 그녀를 도와줘야 해.

04 We haven't been tight for a while.

우린 한동안 가깝게 지내지 않았어.

#01 Really? Did you guys have a fight?
정말? 너희들 싸웠니?

#02 That's interesting. You guys were like BFF.
그거 재밌네. 너희 완전 베스트 프렌드였잖아.

#03 Okay. But for the record, I'm still tight with her.
알았어. 하지만 말해두자면 난 아직 그녀와 친해.

어휘 / 표현정리

- stay out of ~에서 물러나 있다
- have got to(=have gotta) ~해야만 한다
- BFF(=best friends forever) 영원한 절친
- selfish 이기적인
- tight 친한, 가까운
- for the record 말해두자면

05 It boggles my mind.
그것 때문에 놀라서 심장이 벌렁거려.

#01 What boggles your mind?
뭐가 널 놀라게 하니?

#02 You must be talking about the murder. Yeah, it's really scary.
그 살인 사건에 대해서 얘기하는 거구나. 응, 정말 소름끼치지.

#03 Yeah, I couldn't even breath when I heard the news.
응, 그 뉴스를 들었을 때 난 숨도 쉴 수가 없었어.

06 He probably won't serve time.
그는 아마도 실형을 살지 않을 수도 있어.

#01 That's ridiculous. He killed an innocent guy.
그건 말도 안 돼요! 그는 죄 없는 사람을 죽였다고요.

#02 Then, what's the point in charging him?
그럼, 그를 체포하는 요점이 뭡니까?

#03 You're right. He is rich, and rich people always get away with crimes.
맞아. 그는 부자고, 부자들은 항상 죄를 짓고도 피해가니까.

어휘 / 표현정리

- **boggle one's mind** 놀라서 심장이 벌렁거리다
- **You must be** 너 ~임에 틀림없어
- **get away with** ~으로부터 빠져나가다
- **serve time** (감옥에서) 형을 살다
- **What's the point in ~ing?** ~하는 요지가 뭔가요?

다음 각 A와 B의 대화문 빈칸에 들어갈 적절한 표현을 넣어보세요.
잘 기억이 나지 않는다고요? 그럼 앞으로 돌아가서 다시 복습하세요!

1. A : ______________________ Don't get stressed.
   이제 그만 잊어버려. 스트레스 받지 말고.
   B : You're right. I should focus on the future, right?
   네 말이 맞아. 미래에 집중해야지, 그렇지?

2. A : ______________________
   그것 때문에 놀라서 심장이 벌렁거려.
   B : Yeah, I can't believe he passed away like that.
   그러게, 그가 그렇게 죽었다는 게 안 믿겨.

3. A : We have to keep her away from John. He is dangerous.
   우리는 그녀를 존에게서 떼어놔야 해. 걘 위험하다고.
   B : ______________________ I don't want to get involved.
   내가 상관할 바 아냐. 난 엮이기 싫어.

4. A : How long do you think he'll be in jail?
   얼마나 그가 오랫동안 감옥에 있을 거라고 생각하니?
   B : ______________________ There's not enough evidence.
   그는 아마도 실형을 살지 않을 수도 있어. 증거가 충분하지 않거든.

5. A : Are you still in touch with Julie?
   너 아직도 줄리랑 연락하고 지내니?
   B : No, ______________________
   아니. 우린 한동안 가깝게 지내지 않았어.

6. A : John failed the test again. 존이 또 시험에 실패했어.
   B : I guess ______________________
   그는 그가 생각하는 것만큼 똑똑하지 않아.

01 We can handle it.
우리가 처리할 수 있습니다.

#01 Really? Where is that confidence coming from?
정말로? 그 자신감은 어디서 나오는 거지?

#02 Okay. Then I'll leave this to you guys.
알았어. 그럼, 이것은 너희들에게 맡겨둘게.

#03 You know, I don't mind helping.
있잖아요, 괜찮다면 돕고 싶어요.

02 You're killing me.
너 때문에 못 살겠나.

#01 Sorry. I still can't give you the answer.
미안. 그래도 정답을 알려 줄 수는 없어.

#02 That's what my mom used to say when I was a kid.
그 말 내가 어렸을 때 엄마가 자주 하던 말인데.

#03 I'm sorry, but it's my birthday. I want something more.
미안하지만, 내 생일이잖아. 난 더 많이 원한다고.

어휘 / 표현정리

- **handle** 다루다, 처리하다
- **confidence** 자신감
- **You're killing me.** (무언가로 인해 답답해서 미칠 것 같을 때 사용하는 표현) 너 때문에 못살겠다.
- **don't mind + V ing** ~하는 것을 꺼리지 않다

03 You're not soft on her, are you?

너 그녀에게 반한 건 아니지, 그렇지?

#01 I don't know. Maybe a little?

나도 모르겠어. 아마도 조금?

#02 What are you talking about? You know me better than that.

무슨 소리하는 거야? 너 날 그거밖에 몰라?

#03 Maybe. She's hot, you know.

아마 그럴지도. 너도 알다시피, 그녀가 섹시하잖아.

04 We'll be in touch.

다시 연락드리겠습니다.

#01 Okay. Whatever you need. I'm at your service.

알겠어요. 필요한 게 무엇이든지 도와드리겠습니다.

#02 Thank you. Bye.

감사합니다. 그럼 이만.

#03 Okay. Don't make me wait too long.

알겠어요. 절 너무 기다리게 하진 마세요.

어휘 / 표현정리

- **at your service** 분부대로, 원하는 대로
- **be soft on** ~에게 반하다, ~를 부드럽게 대하다
- **be in touch** 연락을 주고받다
- **hot** 섹시한

05 Life is so complicated.

인생은 너무 복잡해.

#01 You're right. It was so much simpler when we were young.
맞아. 우리가 어렸을 때는 훨씬 더 간단했었는데 말이지.

#02 Tell me about it. It is very disappointing at the same time.
내 말이 그거야. 그리고 동시에 매우 실망스럽게도 하잖아.

#03 That's what makes our lives interesting. Don't you think so? 그게 우리 인생을 흥미롭게 하는 거지. 그렇게 생각 안 해?

06 You have my sympathy.

난 널 동성(위로)해. / 제 위로를 받으세요.

#01 I don't need your sympathy.
네 동정 따위는 필요 없어!

#02 Thank you. I knew you would understand.
고마워. 네가 이해해줄 줄 알았어.

#03 I was not looking for your sympathy. I'm just saying how I feel.
네 동정심을 얻고자 한 게 아냐. 그냥 내가 느낀 걸 얘기한 거지.

어휘 / 표현정리

- complicated 복잡한 • disappointing 실망스러운 • sympathy 동정심
- I'm just saying (that) S + V 그냥 ~라는 것을 말하는 것뿐이다

다음 각 A와 B의 대화문 빈칸에 들어갈 적절한 표현을 넣어보세요.
잘 기억이 나지 않는다고요? 그럼 앞으로 돌아가서 다시 복습하세요!

1. A : It's a tough job to do, but ________________________
   그건 하기 힘든 일이죠. 하지만 우리가 처리할 수 있습니다.
   B : Okay. Don't let me down.
   좋아요. 절 실망시키지 말아요.

2. A : I feel sorry for your loss. ________________________
   고인의 죽음에 위로를 표합니다. 제 위로를 받으세요.
   B : Thank you very much.
   당신의 동정과 위로에 감사드립니다.

3. A : ________________________ and unpredictable.
   인생은 너무 복잡하고 예상할 수가 없어.
   B : Yeah, it's all about twists and turns.
   응, 인생은 우여곡절 투성이지.

4. A : I don't think she would do such a horrible thing.
   그녀가 그렇게 끔찍한 짓을 할 거라고 생각하지 않아요.
   B : You sound like you're protecting her. ________________
   그녀를 보호하려는 것처럼 들리는군요. 그녀에게 반한 건 아니죠, 그렇죠?

5. A : Mr. Jackson. Thank you for your cooperation. ________
   잭슨 씨. 협조해주셔서 감사합니다. 다시 연락드리겠습니다.
   B : Thank you. I will see you later.
   고맙습니다. 나중에 뵙죠.

6. A : Can you just give me a little hint? ______________
   힌트 좀 주면 안 돼? 너 때문에 못살겠다.
   B : Sorry, I can't. You have to figure it out yourself.
   미안하지만, 안 돼. 네 스스로 알아내야 해.

01 She's not a morning person.

그녀는 아침형 인간이 아니에요.

#01 Yeah, she hates waking up early in the morning.
응, 그녀는 아침에 일찍 일어나는 것을 싫어해.

#02 What are you talking about? She wakes up at 5 in the morning.
무슨 소리하는 거야? 걘 새벽 5시면 일어나.

#03 No, she is not. She's definitely a night person.
응, 그녀는 아침형 인간이 아냐. 분명 야행성 인간이야.

02 No one will say a bad word about her.

아무도 그녀에 대해서 나쁘게 얘기하지 않을 거예요.

#01 Yeah, she's real sweetheart.
응, 걔는 정말로 사랑스러운 아이야.

#02 That's right. She's everyone's favourite.
맞아. 그녀는 모든 사람들이 좋아해.

#03 Yeah, that's because no one knows her.
응, 그건 아무도 그녀를 모르니까 그렇지.

어휘 / 표현정리

- morning person 아침형 인간
- night person 야행성 인간
- sweetheart 사랑스러운 사람
- hate ~ing ~하는 것을 싫어하다
- say a bad word 나쁘게 말하다

03 She didn't think much of him.

그녀는 그를 낮게 평가했어.

#01 Why didn't she think much of him? Any idea?
왜 그녀가 그를 낮게 평가했을까요? 의견 있으세요?

#02 That's right. She said he was rude and obnoxious.
맞아. 그녀는 그가 무례하고 불쾌하다고 말했었어.

#03 Why? Because he never went to college?
왜? 그가 대학을 가지 않았기 때문이니?

04 You're in charge now.

이제 당신이 책임자입니다.

#01 Okay. Then, I will tell you what to do.
알겠어요. 그러면, 이제 당신이 무엇을 할지 말해줄게요.

#02 Oh, I feel like I'm on the hotseat.
오, 마치 전기의자에 앉은 듯한 기분인데요.

#03 What am I in charge of?
제가 무슨 일 책임자인데요?

어휘 / 표현정리

- not think much of ~를 낮게 평가하다
- go to college 대학에 가다
- be in charge (of) ~을 책임지다
- obnoxious 불쾌한
- hotseat 전기의자

05 I couldn't care less.

난 전혀 개의치 않아.

#01 Stop lying. You're hiding your true feelings.
거짓말 그만해. 너 진실한 감정을 숨기고 있잖아.

#02 It doesn't bother you at all?
전혀 신경 쓰이지 않아?

#03 You know what? I don't care about it, either.
그거 알아? 나 역시도 상관없어.

06 What was all that about?

도대체 무슨 일이야? / 왜 저러는 거야?

#01 I have no idea.
저도 모르겠는데요.

#02 Oh, you don't want to know.
아, 알고 싶지 않으실 거예요.

#03 It was just some disagreement. Nothing to worry about.
그냥 좀 의견충돌이 있었어요. 걱정하실 거 없어요.

어휘 / 표현정리

- **could not care less** 조금도 개의치 않다 • **bother** 신경 쓰이게 하다, 괴롭히다
- **You don't want to + V** ~하고 싶지 않을 겁니다

다음 각 A와 B의 대화문 빈칸에 들어갈 적절한 표현을 넣어보세요.
잘 기억이 나지 않는다고요? 그럼 앞으로 돌아가서 다시 복습하세요!

1. A : Actually, ______________________________
사실, 그녀는 그를 낮게 평가했어.
B : Really? I didn't know that.
정말? 난 몰랐네.

2. A : ____________________ Why is that guy lying on the road?
도대체 무슨 일이야? 왜 저 남자 도로 위에 누워있는 거지?
B : Somebody hit him with a bat and ran away.
누군가 그를 몽둥이로 치고 도망갔어요.

3. A : ______________________________ Grissom. It's your show.
이제 당신이 책임자입니다, 그리섬 씨. 당신의 쇼에요.
B : Got it. Now I have a lot of responsibilities.
알겠습니다. 이제 제가 책임이 막중하군요.

4. A : Jenny is so adorable. Everybody loves her.
제니는 너무 사랑스러워. 모든 사람들이 그녀를 사랑해.
B : Yeah, ______________________________
응. 아무도 그녀에 대해서 나쁘게 말하지 않을 거예요.

5. A : I think Amy has a thing for you.
에이미가 널 좋아하고 있는 것 같아.
B : ______________________________ She's not my type at all.
난 전혀 개의치 않아. 걔 전혀 내 타입이 아냐.

6. A : Why time does your daughter usually get up in the morning?
댁의 따님은 보통 몇 시에 일어나나요?
B : Around 9 or 10. ______________________________
9시나 10시요. 걘 아침형 인간이 아니에요.

01 He stuck to his principles.

그는 자신의 원칙에 충실했어.

#01 Yeah, I admire him for that.
응, 그 부분에 있어서 난 그를 존경해.

#02 Yeah, he stuck to his principles through thick and thin.
응, 그는 모든 역경을 이겨내고 자신의 원칙을 지켰어.

#03 But, in some cases, that can be a dangerous thing to do.
하지만 몇몇의 경우에는, 그것이 위험한 짓일 수도 있어

02 I will give it back to you double.

(돈 또는 상대방의 행동 등을) 두 배로 쳐서 갚아 줄게.

#01 Okay. I will lend you 200 bucks.
알았어. 네게 200달러 빌려줄게.

#02 Here is the money. Don't forget to give me back double.
여기 돈 있어. 두 배로 갚는 거 잊지 마.

#03 Hey, what did I do to you?
야, 내가 네게 뭘 했는데?

어휘 / 표현정리

- stick to one's principle(s) ~의 원칙에 충실하다
- through thick and thin 모든 역경을 이겨내고
- Don't forget to + V ~하는 것 잊지 마
- give back 돌려주다
- buck(=dollar) 달러

03 She's robbing you blind.

그녀는 너에게서 큰돈을 갈취하고 있어.

#01 How do you know that she's robbing me blind?

그녀가 내게서 거액을 갈취하는지 네가 어떻게 알아?

#02 Yeah, I'm starting to realize that she's just using me.

응, 나도 그녀가 날 이용하고 있다는 걸 깨닫기 시작했어.

#03 No, she is not. She just asked me for help. That's all.

아니, 그렇지 않아. 그녀는 내게 도움을 요청했어. 그게 다야.

04 You must be living pretty large.

당신 꽤 호화스럽게 사는 게 틀림없겠군요.

#01 Yes, I'm living large because of the wealthy woman I met.

응, 내가 만난 부자 여성 때문에 난 호화롭게 살고 있어.

#02 What makes you think so?

왜 그렇게 생각하시는 거죠?

#03 Yeah, I spend about 1,000 dollars on average everyday.

네, 매일 보통 1,000달러 정도 써요.

어휘 / 표현정리

- **rob blind** (믿는) 사람에게서 거액을 갈취하다
- **live large** 호화롭게 살다, 사치스럽게 살다
- **on average** 평균적으로

05 He was on to you.

그가 너를 의심하고 있었어.

#01 No, I don't think he was on to me.
아니, 난 그가 날 의심하고 있었다고 생각하지 않아.

#02 What makes you think so?
왜 그렇게 생각하는데?

#03 Why? I didn't do anything suspicious.
왜? 난 의심스러운 행동을 한 적 없는데.

06 She wants to come clean.

그녀는 솔직히 고백하길 원해요.

#01 Come clean about what? Oh my god, did she have an affair?
뭘 솔직히 고백한다는 거지? 이런 세상에. 그녀가 바람을 피웠나요?

#02 Oh, I knew it. She had a nose job, didn't she?
오, 그럴 줄 알았어. 걔 코수술했지, 그렇지?

#03 Even if she does, I don't think I can forgive her.
그런다 해도, 그녀를 용서할 수 있을 것 같지 않아요.

어휘 / 표현정리

- **suspicious** 의심스러운
- **have an affair** 바람을 피우다
- **nose job** 코 수술
- **be on to** ~를 의심하다, ~를 지켜보다
- **come clean** 솔직히 자백(고백)하다

다음 각 A와 B의 대화문 빈칸에 들어갈 적절한 표현을 넣어보세요.
잘 기억이 나지 않는다고요? 그럼 앞으로 돌아가서 다시 복습하세요!

1. A : She cheated on her husband, and now ______________

그녀는 남편 몰래 바람을 폈어요. 그리고 이제 솔직히 고백하길 원해요.

B : Do you think her husband will forgive her?

그녀의 남편이 용서할 거라고 생각해요?

2. A : ______________

그녀는 너에게서 큰돈을 갈취하고 있어.

B : No, she's not. She just borrowed some money from me.

아니, 그렇지 않아. 그저 내게서 돈을 좀 빌려간 것뿐이야.

3. A : You should be more careful. ______________

너 좀 더 조심해야 해. 그가 널 의심하고 있었어.

B : But he doesn't have any proof, right?

하지만 증거는 없잖아, 그렇지?

4. A : If you give me trouble, ______________

너 내게 문제 일으키면, 두 배로 쳐서 갚아 주겠어.

B : Are you threatening me?

지금 날 협박하는 건가요?

5. A : Josh begged him for mercy. But ______________

조시가 그에게 자비를 빌었어. 하지만 그는 자신의 원칙에 충실했지.

B : So he just killed him? He is such a cold man.

그래서 그냥 그를 죽여 버린 거야? 정말 냉혈인이군.

6. A : You make lots of money, so ______________

넌 돈을 많이 버니까, 꽤 호화스럽게 사는 게 틀림없겠군요.

B : Not really. I donate most of the money to charity.

꼭 그렇진 않아요. 전 돈의 대부분을 기부하거든요.

01 Sounds like you're on top of it.
너 완전히 통달한 것처럼 들리는데.

#01 Sure, but I don't mind getting your backup.
물론이지, 하지만 네가 도와준다면 뭐 상관 안 해.

#02 That's why I am always one step ahead of others.
그게 항상 내가 남들보다 한 발 앞서는 이유지.

#03 Not really. I've still got a long way to go.
그렇진 않아요. 아직도 갈 길이 멀었죠.

02 Feel free to call me anytime.
언제든지 내게 전화해.

#01 Thanks. I will give you a call when I need some help.
고마워요. 도움이 필요하면 전화할게요.

#02 Thank you. You're a nice guy.
고마워. 넌 괜찮은 녀석이야.

#03 Okay. Can I call you at home?
알았어. 네 집으로 전화해도 될까?

어휘 / 표현정리

- sound like ~처럼 들린다
- on top of ~에 통달한, 능숙한
- backup 후원, 지원
- don't mind 상관없다, 괜찮다
- feel free to 주저 말고 ~해라

03 When was the last time you saw him?

그를 마지막으로 본 게 언제죠?

#01 I can't remember.
기억이 안 나는데요.

#02 It's been a while. I think I last saw him in June.
좀 됐어요. 6월 달에 그를 마지막으로 본 것 같아요.

#03 About a week ago, I guess.
약 일주일 전이었던 것 같아요.

04 I came as soon as I could.

최대한 빨리 온 거에요.

#01 Thank you. I knew you would come first.
고마워요. 당신이 제일 먼저 올 줄 알았어요.

#02 Oh, didn't you get my message? You didn't have to come.
아, 내 메시지 못 받았어요? 올 필요 없었는데요.

#03 You're just in time. Come on in.
때 맞춰 왔구나. 들어와.

어휘 / 표현정리

- **as soon as I could** 가능한 빨리
- **in time** 제 시간에
- **When was the last time S +V** 마지막으로 ~ 한 것이 언제죠?

cf) When was the last time you kissed a girl?

05 He has a very bad temper.

걘 한 성질해.

#01 I know. We should not make him mad.
나도 알아. 우리 걔를 화나게 하면 안 돼.

#02 That's right. He often calls me names when he is angry.
맞아. 걘 화나면 종종 내게 욕도 해.

#03 Really? I didn't know that.
정말? 난 몰랐네.

06 He started bossing me around.

그가 내게 이래라 저래라 명령하기 시작했어.

#01 That's ridiculous. He's not even your boss.
정말 웃긴다. 그 사람 네 상사도 아니잖아.

#02 So are you gonna let him?
그래서 그가 그러게 내버려 둘 거야?

#03 Don't be a pushover. Tell him to stop.
만만하게 굴지 마. 그에게 그만하라고 말해.

어휘 / 표현정리

- **have a bad temper** 성질이 안 좋다
- **call names** 욕을 하다
- **pushover** 만만한 사람
- **let** ~하게 하다
- **boss a person around** ~를 이래라 저래라 명령하다

다음 각 A와 B의 대화문 빈칸에 들어갈 적절한 표현을 넣어보세요.
잘 기억이 나지 않는다고요? 그럼 앞으로 돌아가서 다시 복습하세요!

1. A : ______________________ How is she?
   최대한 빨리 온 거에요. 그녀는 어때요?
   B : Thanks for coming. She is still in the recovery room.
   와줘서 고마워요. 그녀는 아직도 회복실에 있어요.

2. A : I've already finished the work. It's a piece of cake.
   난 벌써 일 끝냈어. 식은 죽 먹기지.
   B : Wow, ______________________
   와, 너 완전히 통달한 것처럼 들리는데.

3. A : If you need any help, ______________________
   도움이 필요하면, 언제든지 내게 전화해.
   B : Thank you. I'll call you later.
   고마워. 나중에 전화할게.

4. A : Jack used to be my good friend, but ______________________
   잭은 내 좋은 친구이곤 했어, 하지만 내게 이래라 저래라 명령하기 시작했지.
   B : Hey, stand up for yourself. Make him stop.
   야, 당당히 맞서. 그가 그만하게 해.

5. A : We're looking for your friend, Tom. ______________________
   우린 당신의 친구인 탐을 찾고 있어요. 그를 마지막으로 본 게 언제죠?
   B : A couple of months ago. Why are you looking for him?
   2달 정도 됐어요. 왜 그를 찾고 있죠?

6. A : Everybody hates him, because ______________________
   모든 사람들이 그를 싫어해. 왜냐면 걔가 한 성질하거든.
   B : Yeah, no wonder he has no friends.
   응, 그가 친구가 없는 게 이상할 것도 없지.

01 Are you a man of your word?

당신은 약속을 꼭 지키는 사람인가요?

#01 Of course. I always stick to my word.
당연하죠. 난 내가 한 약속은 지킵니다.

#02 Of course. I always keep my promise.
당연하죠. 난 항상 약속은 지킵니다.

#03 As a matter of fact, I'm not.
사실 말이지, 난 그런 사람은 아니에요.

02 You're a dead man.

니 뒤졌어.

#01 Oh, yeah? What're you gonna do? Kill me?
오, 그래? 어떻게 할 건데? 날 죽일 거야?

#02 Hey, I said I am sorry. Just let it go.
야, 미안하다고 했잖아. 그냥 잊어버려.

#03 Go ahead. I'm not scared of you.
어디 해봐. 난 네가 무섭지 않아.

어휘 / 표현정리

- a man of one's word 약속을 꼭 지키는 사람
- be scared of ~가 무섭다
- stick to one's word(=keep one's promise) 약속을 지키다

03 This doesn't concern you.

이거 너랑은 상관없는 일이야.

#01 If it has anything to do with you, it concerns me.
만약 이게 너랑 관계된 게 있다면, 나에게도 상관있어.

#02 Okay. I will stay out of it.
알았어. 난 빠져 있을게.

#03 Cut the crap. Just tell me what's going on.
허튼 소리말고, 무슨 일인지 그냥 내게 말해봐.

04 I won't tell a soul.

아무한테도 절대 말하지 않을게.

#01 I'm sorry, but I cannot trust you.
미안하지만, 널 믿을 수가 없어.

#02 Okay. Here's the thing. I stole money from him.
알았어. 있잖아. 내가 그에게서 돈을 훔쳤어.

#03 You have to keep your promise, okay?
너 약속 지켜야 해, 알았지?

어휘 / 표현정리

- **not tell a soul** (어떤 사실을) 절대로 얘기하지 않다
- **cut the crap** 허튼 소리하지 마, 쓸데없는 얘기하지 마
- **Here's the thing.** 있잖아.
- **concern** ~에 관계되다
- **go on** 일어나다

05 I was helping her out.

난 그녀를 (어려움에서) 도와주고 있었어.

#01 Wow, you are kind. Can you help me out, too?
와, 너 친절하구나. 나 이것도 좀 도와줄래?

#02 Stop lying. Why would you help her out?
거짓말하지 마. 네가 왜 그녀를 도와주겠냐고?

#03 I don't believe you. Something smells fishy here.
난 네 말 안 믿어. 뭔가 냄새가 수상해.

06 How are you making ends meet?

너는 어떻게 수지를 맞추고 있는 거니?

#01 I am just spending less than I earn.
그냥 내가 버는 것보다 적게 돈을 쓸 뿐이야.

#02 I am making ends meet by living with my parents now.
지금은 부모님하고 함께 살며 수지를 맞추고 있어.

#03 I am working two jobs at the moment.
현재 투잡 뛰고 있어.

어휘 / 표현정리

- help someone out ~를 도와주다
- smell fishy 수상하다, 의심쩍다
- make ends meet 수지를 맞추다, 그럭저럭 살아가다

다음 각 A와 B의 대화문 빈칸에 들어갈 적절한 표현을 넣어보세요.
잘 기억이 나지 않는다고요? 그럼 앞으로 돌아가서 다시 복습하세요!

1. A : ______________________ in today's economy?
   너는 요즘 같은 경제에 어떻게 수지를 맞추고 사니?
   B : I just try not to spend money at all.
   난 그냥 돈을 전혀 쓰지 않으려고 노력해.

2. A : Stay out it. ______________________
   참견하지 마. 이건 너랑 상관없는 일이야.
   B : What are you talking about? This definitely concerns me.
   무슨 소리하는 거야? 이거 분명 나랑 상관있는 일이거든.

3. A : ______________________
   당신을 약속을 꼭 지키는 사람인가요?
   B : I'd like to think so. I try to honor my word.
   그렇게 생각하고 싶군요. 전 제가 한 말을 지키려고 노력합니다.

4. A : ______________________ if you show up again.
   너 또 나타나면 뒤질 줄 알아.
   B : I'm not afraid of you.
   난 네가 무섭지 않아.

5. A : If you tell anybody this, you'll be a dead meat.
   누구에게든 이 얘길 하면, 넌 죽은 목숨일 줄 알아.
   B : Don't worry. I promise ______________________
   걱정하지 마. 아무에게도 말하지 않는다고 약속할게.

6. A : Don't get me wrong. ______________________
   날 오해하지 마. 난 그녀를 도와주고 있던 거야.
   B : I don't think you were helping her out.
   네가 그녀를 도와주고 있었다고 생각이 들지 않는데.

01 Anything you need, just say the word.

필요한 게 있으면, 말만 해.

#01 You got it.
그럴게요.

#02 Okay. Thank you for everything. I really appreciate it.
알겠습니다. 다 고마워요. 정말로 감사드립니다.

#03 First, do you have any cold medicine?
우선, 감기약 갖고 계신 것 있나요?

02 Help yourself.

마음껏 드세요.

#01 Thank you. My mouth is watering.
고맙습니다. 입 안에서 군침이 도네요.

#02 Thanks. The food looks delicious.
고마워요. 음식이 맛있어 보이네요.

#03 No thanks. I've already had lunch.
고맙지만 괜찮아요. 벌써 점심을 먹었거든요.

어휘 / 표현정리

- **say the word** 말만 해
- **cold medicine** 감기약
- **water** 침을 흘리다
- **Do you have any ~?** ~을 갖고 계신 것이 있나요?

03 Someone cooked him deliberately.
누군가 그를 의도적으로 죽였어.

#01 Yeah, I guess somebody was trying to get revenge.
응, 누군가가 복수를 하려고 했던 것 같아.

#02 Why would someone do that?
누가 왜 그런 짓을 할까요?

#03 Yeah, it looks like it. This is not a suicide case.
응, 그런 것처럼 보여. 이건 자살 사건이 아냐.

04 That's a spooky coincidence.
그거 섬뜩한 우연의 일치인데요.

#01 Yeah, very spooky indeed.
응, 정말 섬뜩하지.

#02 It is spooky, but I don't think it's a coincidence.
섬뜩하긴 하지만, 난 우연이라고는 생각 안 해.

#03 That's exactly what I'm talking about.
내 말이 바로 그거야.

어휘 / 표현정리

- cook 요리하다(=죽이다)
- suicide 자살
- deliberately 의도적으로
- get revenge 복수하다
- spooky 섬뜩한
- coincidence 우연

05 It doesn't make sense.

그건 말도 안 되는 소리야.

#01 I agree. It is not logical at all.
나도 동감해. 그건 전혀 논리적이지가 않아.

#02 Well, I can see a lot of reasons why it makes sense.
음, 난 그게 말이 되는 많은 이유들이 보이는데.

#03 Why? I think it makes sense.
왜? 난 그거 말이 된다고 생각하는데.

06 There's no way he's capable of this.

그가 이것을 할 능력이 있을 리가 없어요.

#01 I think you're underestimating him.
전 당신이 그를 과소평가하는 거로 생각되는데요.

#02 A guy who's hit bottom is capable of anything.
이미 바닥을 경험한 사람은 무엇이든 할 수 있을 겁니다.

#03 That's what everybody is saying. But I'm willing to take a chance. 모든 사람들이 그렇게 말하더군요.
하지만 전 기꺼이 모험을 해볼까 합니다.

어휘 / 표현정리

- make sense 말의 앞뒤가 맞다
- logical 논리적인
- capable of ~을 할 능력이 있는
- be wiling to + V 기꺼이 ~하다
- There's no way that S + V ~할 리가 없다

Review!

다음 각 A와 B의 대화문 빈칸에 들어갈 적절한 표현을 넣어보세요.
잘 기억이 나지 않는다고요? 그럼 앞으로 돌아가서 다시 복습하세요!

1. A : He didn't commit suicide. ____________________
   그는 자살을 하지 않았어. 누가 그를 의도적으로 죽인거야.

   B : I knew it. I knew he was murdered.
   나도 그럴 줄 알았어. 그는 살해당한 거였어.

2. A : I had a dream of Tim dying, and he really died today.
   난 팀이 죽는 꿈을 꿨는데, 그가 정말 오늘 죽었어.

   B : What? ____________________
   뭐? 그거 섬뜩한 우연의 일치인데.

3. A : Make yourself at home. ____________________
   편하게 있어. 필요한 게 있으면 말만 해.

   B : Thanks. Just one thing. Do you have mosquito repellent?
   고마워. 한 가지가 있는데. 너 모기 퇴치제 있니?

4. A : Can I have another piece of chicken? This is so delicious.
   치킨 한 조각 더 먹어도 돼요? 이거 정말 맛있네요.

   B : Of course. Please ____________________
   물론이죠. 마음껏 드세요.

5. A : I think Jane likes you.
   제인이 널 좋아하는 것 같아.

   B : What? ____________________ She never talks to me.
   뭐? 그건 말도 안 되는 소리야. 걔 나랑 얘기도 안 해.

6. A : I will make John in charge of this project.
   존을 이 프로젝트의 책임자로 두겠습니다.

   B : Are you kidding? ____________________ He is incompetent.
   농담해요? 그가 이것을 할 능력이 있을 리가 없어요. 그는 무능력하다고요.

01 I went through a rough patch.

전 힘든 시간을 겪었습니다.

#01 I feel sorry for you.
정말 안됐구나.

#02 Come on, who hasn't gone through a rough patch?
왜 이래, 힘든 시간 겪어 보지 않은 사람이 어디 있어?

#03 Yeah, so did I. It was a tough year.
응, 나도 그랬어. 힘든 한 해였어.

02 They are all over the internet.

그것들 인터넷에 쫙 퍼졌어!

#01 Cool! Nothing is secret on the internet.
멋진데! 인터넷엔 비밀이 없다니까.

#02 Really? I will search for them when I get home.
정말? 집에 가서 검색해 봐야겠다.

#03 Do you have wireless broadband? I want to check it now.
너 무선 인터넷 있어? 나 지금 확인해 보고 싶어.

어휘 / 표현정리

- **all over the internet** 인터넷에 쫙 퍼진
- **wireless broadband** 무선 인터넷
- **go through a rough patch** 고난을 겪다

03 She fooled me.

그녀가 날 속였어. / 그녀가 날 가지고 놀았어.

#01 Yeah, she fools everyone with her appearance.
응, 그녀는 외모로 모든 사람을 가지고 놀아.

#02 I told you. She is a very manipulative person.
내가 말했잖아. 그녀는 굉장히 교묘한 사람이야.

#03 Again? Come on, when are you going to learn?
또? 왜 그래, 너 언제쯤 정신 차릴래?

04 Is there somewhere we can talk in private? 우리끼리 조용히 얘기할 만한 곳 있나?

#01 You can talk to me here. What's going on?
여기서 얘기하세요. 무슨 일이죠?

#02 We are alone here. What is it?
여기 우리 둘 뿐이야. 뭔데?

#03 I think there is. Follow me.
있는 것 같아. 날 따라와.

어휘 / 표현정리

- **fool** 속이다, 장난치다
- **appearance** 외모
- **in private** 은밀히
- **manipulative** 남을 조종하는, 교묘한

05 I told you I would succeed in the end.

결국엔 내가 성공할 거라고 말했지.

#01 You think you have succeeded? Well, I don't think so.
네가 성공했다고 생각하는 거야? 음, 난 그렇게 생각 안 해.

#02 Hey, the game is not over yet.
야, 아직 게임 안 끝났어.

#03 Yeah, you did. Congratulations. I mean it.
그래, 그랬어. 축하한다. 진심이야.

06 We are even.

우린 서로 비긴 거야. / 우린 서로 피장파장이야.

#01 Okay. We don't owe each other nothing.
그래. 우린 서로에게 빚진 거 아무것도 없는 거다.

#02 All right. We are even.
좋아. 우리 비긴 거야.

#03 What? No, we are not. You still owe me 100 bucks.
뭐? 우리 아직 비긴 거 아냐. 넌 아직도 내게 100달러 빚졌어.

어휘 / 표현정리

- in the end 끝에 가서
- I mean it. 진심이다. 정말이다.
- be over 끝나다
- owe 빚지다

Review!

다음 각 A와 B의 대화문 빈칸에 들어갈 적절한 표현을 넣어보세요.
잘 기억이 나지 않는다고요? 그럼 앞으로 돌아가서 다시 복습하세요!

1. A : ______________________________
결국엔 내가 성공할 거라고 말했지.
B : Yes, you did. You're the man.
그래, 그랬지. 네가 최고다.

2. A : ______________________ financially last year.
전 작년에 재정적으로 힘든 시간을 겪었어요.
B : So I've heard. I'm so glad you got over it.
저도 그렇게 들었습니다. 극복하셨다니 저도 기쁘군요.

3. A : Where did you hear the news?
너 그 소식 어디서 들은 거야?
B : Are you kidding? ______________ Everybody knows!
농담해? 그것들 인터넷에 쫙 퍼졌어. 다들 알고 있다고.

4. A : ______________________________
우리끼리 조용히 얘기할 만한 곳이 있나?
B : There's a lounge across the hall. Nobody is there.
홀 건너에 라운지가 있어. 거기 아무도 없지.

5. A : ____________________ She's a manipulative person.
그녀가 날 속였어. 그녀 정말 교묘한 사람이야.
B : I told you not to trust her.
내가 그녀를 믿지 말라고 네게 말했잖아.

6. A : If I do this for you, and then, ______________
내가 이걸 널 위해 하고 나면, 우리는 서로 비긴 거야.
B : Okay. If you do this for me, you don't owe me nothing.
그래. 네가 이걸 날 위해 하면 우린 서로 빚진 거 없는 거야.

01 How did you come by this information?

그 정보를 어떻게 손에 넣은 거지?

#01 Well, I got it from a friend of a friend of mine.
음, 내 친구의 친구로부터 얻었지.

#02 You know I am going to protect my sources.
내 출처를 내가 보호할 거라는 거 알잖아요.

#03 I accidentally overheard Tom on the phone.
우연히 탐이 전화 통화하는 것을 엿들었어요.

02 I have friends from all walks of life.

난 모든 계층의 친구들이 있어.

#01 That's great. You must be very open minded.
훌륭해. 넌 정말 편견이 없겠구나.

#02 Do you even have gay friends?
너 게이 친구들도 있니?

#03 What are the advantages of having friends from all walks of life?
다양한 계층의 친구들이 있을 때 장점들은 뭔가요?

어휘 / 표현정리

- **come by** ~을 획득하다.
- **all walks of life** 모든 계층
- **What are the advantages of** ~의 장점은 무엇인가요?
- **sources** 출처, 정보원
- **overhear** 엿듣다

03 It's a tough call.

뭐라고 말하기가 힘드네.

#01 Indeed. It's anybody's guess.
정말 그래. 예측이 불가능하다고.

#02 Yes, it is. But you have to choose between the two.
응, 그렇지. 하지만 넌 둘 중에 하나를 골라야만 해.

#03 Yeah, but in my opinion, Silvia is sexier than Jodi.
응, 하지만 내 생각엔 실비아가 조디보다 섹시한 것 같아.

04 He is lying through his teeth.

걔 새빨간 거짓말을 하고 있어.

#01 Yeah, it shows, doesn't it?
네, 딱 보이죠, 그렇죠?

#02 What makes you think so? I think he's telling the truth.
왜 그렇게 생각해요? 전 그가 진실을 말한다고 생각하는데.

#03 I'm not surprised. That's the kind of person he is.
놀랄 것도 없죠. 걔 원래 저런 애에요.

어휘 / 표현정리

- **anybody's guess** 아무도 짐작 못하는 일
- **tough call** 힘든 결정, 힘든 예측
- **lie through one's teeth** 새빨간 거짓말을 하다

05 You're being childish.

너 유치하게 구는구나.

#01 Ha! Look who's talking!

하! 사돈 남 말하시네!

#02 No, I'm not. I'm being very mature.

아니, 그렇지 않거든. 난 매우 성숙하게 굴고 있어.

#03 No, it's you who are being childish.

아니, 유치하게 굴고 있는 것은 너야.

06 They will put in a good word for me.

그들이 나에 대해서 좋은 말을 해줄 거예요.

#01 I hope so.

나도 그러길 바래.

#02 Don't get your hopes up. They are not trustworthy.

너무 기대하지 마. 그들은 신뢰할 만한 사람들이 아니야.

#03 Don't expect too much from them. You can be let down.

그들에게 너무 많은 걸 기대하진 마. 실망할 수도 있어.

어휘 / 표현정리

- **childish** 유치한 • **let down** 실망시키다 • **It's you who ~** ~하는 것은 너이다
- **put in a good word** 좋은 말을 해주다 • **get one's hopes up** 희망을 높게 갖다

다음 각 A와 B의 대화문 빈칸에 들어갈 적절한 표현을 넣어보세요.
잘 기억이 나지 않는다고요? 그럼 앞으로 돌아가서 다시 복습하세요!

1. A : ______________________________
그 정보를 어떻게 손에 넣은 거지?
B : A little investigating. It wasn't that hard.
조사를 좀 했죠. 그렇게 어렵지 않았어요.

2. A : Stop teasing me. ______________________________
날 그만 좀 놀려. 너 유치하게 구는구나.
B : Childish? Come on, I'm just having fun.
유치하다고? 왜 이래. 그냥 재밌게 놀고 있는 건데.

3. A : Don't worry. ______________________________
걱정하지 마. 그들이 나에 대해서 좋은 말을 해줄 거예요.
B : Seriously, why would they say good things about you?
아니, 정말로 왜 그들이 너에 대해서 좋은 말을 해줄까?

4. A : Have you made up your mind?
결정했니?
B : Not yet. ______________________________
아니 아직. 뭐라고 말하기가 힘드네.

5. A : Do you believe what he just said?
그가 방금 한 말 믿니?
B : No, I don't. I think ______________________________
아니. 쟤 새빨간 거짓말을 하고 있는 것 같아.

6. A : ______________________________
난 모든 계층의 친구들이 있어.
B : Really? I thought you only hang out with rich people.
정말로? 난 네가 오직 부자들하고만 어울리는 줄 알았는데.

01 I chewed him out.
그를 혼냈어요.

#01 Why? Did he do something wrong?
왜요? 그가 뭘 잘못했나요?

#02 He deserves it. He doesn't work hard these days.
걘 혼나도 싸요. 요즈음에 일을 열심히 하지 않더군요.

#03 You did what you had to do. He needs to grow up.
당신은 해야 할 일을 한 거예요. 그는 철들 필요가 있어요.

02 Why didn't you press charges?
왜 고소하지 않으셨죠?

#01 Because it was just a misunderstanding between friends.
왜냐면 그냥 친구들 간의 오해였을 뿐이거든요.

#02 I didn't press charges because I felt sympathetic towards her.
그녀에게 동정심이 생겨서 고소를 하지 않았어요.

#03 Because I didn't want to mess up the kid's life.
왜냐면 그 아이의 인생을 망치고 싶지 않았거든요.

어휘 / 표현정리

- **feel sympathetic toward** ~에게 동정심을 느끼다
- **chew a person out** ~를 꾸짖다
- **press charges** 고소하다, 고발하다
- **grow up** 자라다, 철들다
- **mess up** 망쳐놓다

03 You're a college drop-out.
당신 대학중퇴자군요.

#01 Yes, I am. Do I have to have a degree to get this job?
네, 그렇습니다. 이 직업을 얻으려면 학위가 있어야 하나요?

#02 That's true. Why? Does that bother you?
맞아요. 왜요? 그게 문제가 되나요?

#03 Yes, I am. Don't forget: Bills Gates is a college drop-out, too.
네, 그래요. 잊지 마세요. 빌 게이츠도 대학중퇴자입니다.

04 We're sorry for any inconvenience.
불편하게 해드려서 죄송합니다.

#01 Don't worry. I know it's not your fault.
걱정 마세요. 당신 잘못이 아니란 걸압니다.

#02 Oh, you should feel very sorry.
오, 당신들 아주 많이 미안해하셔야 합니다.

#03 It's okay. It didn't cause much inconvenience for me.
괜찮아요. 제게 그다지 불편한 것은 없었습니다.

어휘 / 표현정리

- **drop-out** 중퇴자, ⓥ drop out 중퇴하다
- **have a degree** 학위가 있다
- **inconvenience** 불편함

05 There's no such thing as spells.
주문과 같은 것은 없어.

#01 I know. I don't believe in spells and magic.
나도 알아. 난 주문과 마술 같은 것 믿지 않아.

#02 Like I didn't know that.
내가 그걸 모를까봐 그래?

#03 I'm with you on that.
그 부분은 나도 너랑 같은 생각이야.

06 We're gonna need to work a double shift. 우리 초과 근무를 해야 할 필요가 있어요.

#01 No way! I'll call it a day now.
절대 안 돼요. 전 지금 퇴근하겠어요.

#02 You're right. We are so behind in our work.
당신 말이 맞아요. 우리 너무 할 일이 밀렸어요.

#03 Are you kidding me? Today is my wife's birthday.
지금 장난쳐요? 오늘은 제 아내 생일이라고요.

어휘 / 표현정리

- **No way!** 절대 안 된다.
- **Like S + V** 마치 ~일 줄 아냐?
- **call it a day** 퇴근하다
- **work a double shift** 초과 근무를 하다
- **There's no such things as + N** ~와 같은 것은 없다

Review!

다음 각 A와 B의 대화문 빈칸에 들어갈 적절한 표현을 넣어보세요.
잘 기억이 나지 않는다고요? 그럼 앞으로 돌아가서 다시 복습하세요!

1. A : It says here on your resume that ____________
   여기 이력서에 당신이 대학중퇴자라고 적혀 있군요.
   B : Yes, I am. I dropped out because I had financial problems.
   네, 그렇습니다. 경제적인 문제 때문에 학교를 중퇴했습니다.

2. A : ____________
   주문과 같은 것은 없어.
   B : Right. There's no such thing as magic, either.
   맞아. 마술과 같은 것도 없긴 마찬가지지.

3. A : ____________ against him?
   왜 그를 고소하지 않으셨죠?
   B : Because I thought he was too young to end up in jail.
   왜냐면 그를 감옥에 보내기에는 너무 어리다고 생각했거든요.

4. A : ____________ because of his rude attitude these days.
   요즘 그의 무례한 태도 때문에 내가 그를 혼냈어.
   B : Yeah, he's really irritating. You should chew him out more.
   응, 걔 정말 짜증나. 좀 더 혼내야 해.

5. A : The flight has been delayed, ____________
   비행기가 연착되었습니다. 불편하게 해드려서 죄송합니다.
   B : Don't just say sorry. Actions speak louder than words.
   미안하다고만 하지 마시죠. 말보단 행동을 보여주셔야죠.

6. A : I'm sorry, guys. But ____________
   미안하지만, 우리 초과 근무를 할 필요가 있습니다.
   B : Tonight? Come on, we all just want to go home and relax.
   오늘 밤요? 왜 그래요. 우린 모두 집에 가서 쉬고 싶다고요.

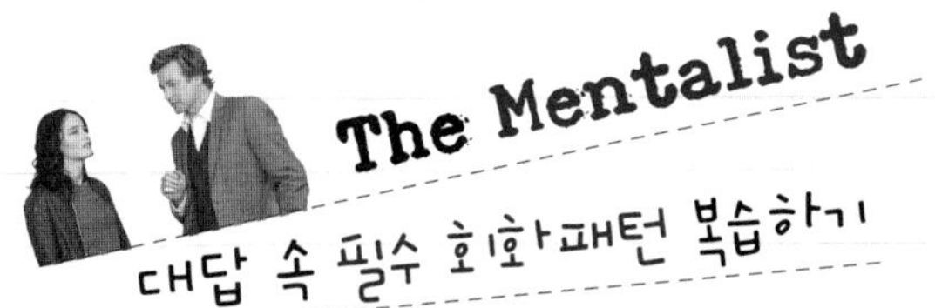

The Mentalist
대답 속 필수 회화패턴 복습하기

01 I was about to + 동사 : 나 ~하려던 참이었어.

I was about to give you a call. 네게 전화하려던 참이었어.
I was about to leave. 나 떠나려던 참이었어.

Speak Yourself! 나 일자리를 구하려던 참이었어. (get a job)

02 Who would want to + 동사 : 누가 ~하고 싶어 하겠어?

Who would want to play this game?
누가 이 게임을 하고 싶어 하겠어?
Who would want to date her?
누가 그녀와 데이트하고 싶어 하겠어?

Speak Yourself! 누가 네게 돈을 빌려주고 싶어 하겠어? (lend you money)

03 Make sure + 주어 + 동사 : 확실히 ~하도록 해요.

Make sure you get there on time.
확실히 제 시간에 도착하도록 해요.
Make sure no one sees you.
확실히 아무도 널 못 보도록 해요.

Speak Yourself! 확실히 아무도 실수하지 않도록 해요.
(no one makes a mistake)

Answer 1. I was about to get a job. 2. Who would want to lend you money? 3. Make you no one makes a mistake.

04 You must be + 형용사/명사 : 당신은 분명 ~겠군요.

You must be rich. 당신은 분명 부자겠군요.
You must be Jack. 당신이 분명 잭이겠군요.

Speak Yourself! 당신은 이제 분명 행복하겠군요. (happy now)

05 What's the point in + 동사 ing : ~하는 요지가 뭐지?

What's the point in doing it? 그걸 하는 요지가 뭐야?
What's the point in talking about it? 그걸 얘기하는 요지가 뭐야?

Speak Yourself! 여기 있어야 할 요지가 뭐야? (be here)

06 I don't mind + 동사 ~ing : 난 ~해도 상관없어요.

I don't mind helping. 전 도와드려도 상관없어요.
I don't mind going out. 전 밖에 나가도 상관없어요.

Speak Yourself! 당신이 도와주셔도 상관없어요. (get your help)

4. You must be happy now. 5. What's the point in being here? 6. I don't mind getting your help.

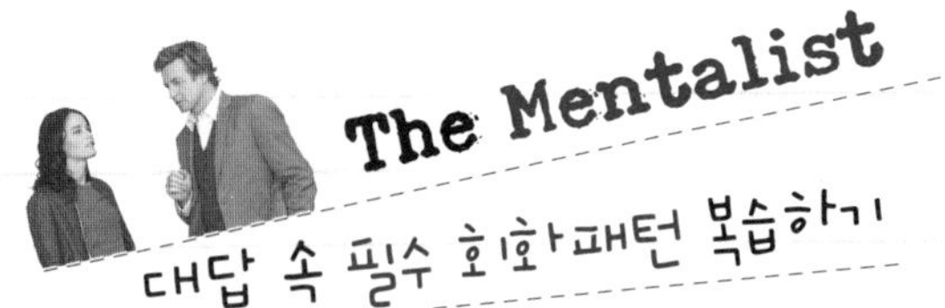

07 I knew you would + 동사 : 난 네가 ~할 줄 알고 있었어.

I knew you would understand. 난 네가 이해할 줄 알고 있었어.

I knew you would buy it. 난 네가 그것을 살 줄 알고 있었어.

Speak Yourself! 난 네가 그녀를 차버릴 줄 알고 있었어. (dump her)

08 I was not looking for + 명사 : ~를 찾고 있었던 것은 아니야.

I was not looking for this pen. 이 펜을 찾고 있었던 것은 아니야.

I was not looking for you. 널 찾고 있었던 것은 아니야.

Speak Yourself! 당신의 동정심을 얻고자 했던 것은 아니야. (your sympathy)

09 She hates + 동사 ing : 그녀는 ~하는 것을 싫어해.

She hates waking up early in the morning. 그녀는 아침에 일찍 일어나는 것을 싫어해.

She hates going to the party. 그녀는 파티에 가는 것을 싫어해.

Speak Yourself! 그녀는 학교 가는 것을 싫어해. (go to school)

Answer 7. I knew you would dump her. 8. I was not looking for your sympathy. 9. She hates going to school.

10 Stop + 동사 ing : 그만 좀 ~ 해.

Stop lying. 거짓말 좀 그만해.

Stop calling me at night. 밤에 내게 그만 좀 전화해.

Speak Yourself! 그만 좀 울어. (cry)

11 Don't forget to + 동사 : ~하는 것 잊지 마.

Don't forget to call me tomorrow. 내일 내게 전화하는 거 잊지 마.

Don't forget to bring my book. 내 책 가져오는 거 잊지 마.

Speak Yourself! 약속 지키는 것 잊지 마. (keep your promise)

12 There's no way + 주어 + 동사 : ~일(할) 리가 절대 없다.

There's no way I can do this. 내가 이것을 할 수 있을 리가 절대 없다.

There's no way she likes me. 그녀가 날 좋아할 리가 절대 없다.

Speak Yourself! 그가 돈이 있을 리가 절대 없다. (he has money)

10. Stop crying. 11. Don't forget to keep your promise. 12. There's no way he has money.

"1+3"
미드 English
학습 스케줄!!
총 48일간의
내 영어공부 대장정

하루 분량 학습이 완료가 되면 다음 스케줄 안의 한글에 해당하는 영문을 직접 작성해 봄으로써 배운 내용을 정리해보세요. 6개의 표현과 함께 대답으로 사용된 영어 문장들 중 기억에 남는 것들을 하나씩 적어보면서 하루의 학습을 마무리 해보세요. 자, 이제 〈1+3 미드 English〉와 함께 48일간의 영어공부 대장정에 올라보세요!!

How I met your mother Season 1 Episode 01 Day 01

이거 오래 걸려요? ______________________

난 항상 혼혈 아시아 여자들을 좋아해 왔잖아. ______________

양복 입어! ______________________

뭐? 나 꽁무니 뺀 거 아냐! ______________________

이거 완전 내 블로그에 올려야겠다. ______________

모든 사람들이 자기가 키스를 잘한다고 생각해. ______________

How I met your mother Season 1 Episode 02 Day 02

너희 언제부터 서로 알았던 거야? ______________

그게 내 매력이잖아. ______________________

저 여자 좀 봐봐. 미치도록 섹시한데! ______________

회사에서 빠져나올 수가 없었어. ______________

그게 우리 방식이야. ______________________

이 맥주를 마구 마셔버리겠어. ______________

How I met your mother Season 1 Episode 03

Day 03

우리 모두는 이 바에서 어울려 놀고는 했었어. ______________________

셔츠 집어넣어라. 너 좀 음산해 보여. ______________________

전설로 기록될 만큼 끝내줄 거야! ______________________

너 어디로 가는 길이니? ______________________

이봐, 한판 붙을까? ______________________

넌 소중한 삶의 교훈을 놓치고 있어. ______________________

How I met your mother Season 1 Episode 04

Day 04

난 그녀에 대한 좋은 기억들이 많았어. ______________________

왜 그녀가 너 말하는 도중에 전화를 끊었을까? ______________________

그녀가 눈이 퉁퉁 붓도록 울었어? ______________________

나 이 일을 바로잡겠어. ______________________

나 개랑 헤어져야 해. ______________________

그건 너무 진부한데. ______________________

How I met your mother Season 1 Episode 05 Day 05

재 뭐 하러 물어보는 거야? ______

그럼 너희도 끼는 거다. ______

어서 가자. / 출발하자. ______

밤새 그녀랑 부비부비 춤 춰야지. ______

자세한 내용은 기억이 좀 희미하네. ______

그가 우리 파티를 버리고 가버렸어. ______

How I met your mother Season 1 Episode 06 Day 06

그것들 (그들) 끝내주디? ______

우린 정말 아직 공개적으로 사귈 준비가 되지 않았어. ______

우리는 바로 통하는 게 있었어. ______

나 오줌 싸야 해! ______

지옥에나 가버려. ______

나 방금 차였어. ______

How I met your mother Season 1 Episode 07

Day 07

난 결혼 중매인한테는 가지 않을 거야.

걔들하고 잔 다음에 절대로 전화하지 않는 거지.

신용카드도 받나요?

그걸 들은 후부터 머릿속에서 떠나지를 않아.

승산이 별로 없었어.

내 돈 돌려줘요.

How I met your mother Season 1 Episode 08

Day 08

실물이 훨씬 예쁘시군요.

저 여자 왜 널 쳐다보고 있는 거지?

그들은 너를 쫓아내고 있는 중이야.

내 앞으로 달아놔. / 내 계산서에 올려.

쟤 왜 저렇게 신경질적으로 짜증 부리는 거야?

동전 던져서 결정하자.

How I met your mother Season 1 Episode 09 Day 09

나 방금 토했어. ______________________

나 너무 신나고 좋아. ______________________

당장 여기로 와! ______________________

이 말 오해하지는 마. ______________________

난 이곳에 맞지 않아. ______________________

너무 먹어서 배가 터질 것 같아. ______________________

How I met your mother Season 1 Episode 10 Day 10

이건 공짜로 드리는 겁니다. ______________________

누가 이 친구 한 잔 가져다 줘. ______________________

일이 이런 식으로 풀릴지는 상상도 못했네. ______________________

내가 잠깐 들려도 괜찮을까? ______________________

그날 밤 그냥 정신을 놔버렸어. ______________________

너 밤 샜잖아. ______________________

How I met your mother Season 1 Episode 11 Day 11

제가 출세 좀 했죠.

네가 뭘 간절히 원하고 있는지 난 알고 있어.

저 안은 열광의 도가니가 될 걸.

별거 아니야.

그만 좀 해라.

위하여(건배)! 너 말 잘하는구나!

How I met your mother Episode 12 Day 12

나도 그 일에 한 마디 정도는 할 수 있다고 봐.

불가능한 일이야.

너 네 얘기가 얼마나 모순투성인 줄 알아?

그게 네 본성이야.

설명하기 어려운 일일 거야.

넌 항상 너만 생각해.

CSI: LAS VEGAS Season 1 Episode 01

Day 13

난 결코 네가 이 일을 겪게 하고 싶지 않았어. ______________________

신의 은총이 그들과 함께 하기를. ______________________

이건 있을 수 없는 일이야. ______________________

저 아직 출근등록도 안 했어요. ______________________

머리가 좀 어질어질해요. ______________________

아침은 내가 쏜다. ______________________

CSI: LAS VEGAS Season 1 Episode 02

Day 14

꺼져 버려. ______________________

나 이제 백만장자야! ______________________

저 방금 서장님하고 통화했습니다. ______________________

범인은 아직도 오리무중이야. ______________________

우리 그냥 상황 봐서 할 거야. ______________________

절 해고하세요. ______________________

CSI: LAS VEGAS Season 1 Episode 03

Day 15

그는 그 정도로 프로일 리가 없어.

너 때문에 깜짝 놀랐잖아.

꼼짝 마!

당신은 우발적 살인으로 기소될 겁니다.

(대화, 말을) 짧게 끝내면 안 될까요?

난 하루 종일 일해요. 친구를 만날 시간도 없죠.

CSI: LAS VEGAS Season 1 Episode 04

Day 16

우리 또 초과근무할 거야.

그는 앞길이 창창하다고.

그녀가 다른 사람과 사귀고 있었을 가능성이 얼마나 될까?

넌 끝났어.

그가 웬디의 죽음과 관련이 있나요?

단도직입적으로 말하겠습니다.

CSI: LAS VEGAS Season 1 Episode 05 Day 17

나 갈래. / 나 여기서 나간다.

여기 시체 주위의 멍든 자국들 좀 봐.

걘 여자만 보면 정신 못 차리는 놈이야.

나 완전 들떠서 흥분 돼.

좀 쉬었다 할까요?

내가 케이트에 대해서 사전조사 좀 했지.

CSI: LAS VEGAS Season 1 Episode 06 Day 18

계속해서 알려주게.

네가 와줘서 정말 다행이야.

나 지금 난처해.

탄창에 총알이 하나 없어요.

그 사건 다른 사람에게 넘겨.

이거 복수하는 거야?

CSI: LAS VEGAS Season 1 Episode 07

Day 19

조심해.

넌 내가 하는 말을 받아 적으면 돼.

네가 도움이 필요할 것 같아서 말이지.

우리는 모든 걸 규정대로 했습니다.

난 애들을 잘 못 다뤄요.

너 완전 잘못 짚었어.

CSI: LAS VEGAS Season 1 Episode 08

Day 20

널 위해 급하게 처리했어.

자네들 임무 지시서를 받을래, 아니면 해고 통지서를 받을래?

어디 해보자.

알겠어. / 이해했어.

그는 재능을 타고났어요.

이건 소용없어. / 이건 답이 없어.

CSI: LAS VEGAS Season 1 Episode 09 Day 21

요즘 잘 지내니? ______________________

그 자식이 날 꼭지가 돌게 했어요. ______________________

걔 미쳐버렸어. ______________________

비켜요! ______________________

넌 정말 사교적이야. ______________________

그건 우리도 어쩔 수 없는 일이에요. ______________________

CSI: LAS VEGAS Season 1 Episode 10 Day 22

이 근처는 먹을 만한 게 없네요. ______________________

그건 눈 감고도 할 수 있어요. ______________________

양해바랍니다. ______________________

넌 참 괜찮은 애야. ______________________

넌 다른 분야에서 실패하고 있어. ______________________

너 이제 스스로 알아서 해. ______________________

CSI: LAS VEGAS Season 1 Episode 11

Day 23

나 늦었어. ______________________

난 우리가 약속을 했다고 생각했었는데. ______________________

긴장 풀어! ______________________

무시한다고 그게 사라지는 건 아니에요. ______________________

누군가 내 차를 열고 들어왔어. ______________________

우리 남자들끼리 뭉쳐야 해. ______________________

CSI: LAS VEGAS Season 1 Episode 12

Day 24

나 신용카드들 한도 초과했어. ______________________

내 말 잘 들어. ______________________

그녀는 이 모든 상황에서 내 곁을 지켜준 유일한 사람이야. ______________________

너 이 말 내게서 들은 것 아니다, 알았지? ______________________

8분 만에 3만 달러를 잃고 말았어요. ______________________

그거 나한테 없어. ______________________

Entourage Season 1 Episode 01

Day 25

엿 같은 일들도 벌어지는 게 인생이야. ______________________________

걔는 밤에 나가서 신나게 놀 필요가 있어. ______________________________

잘 지내니? / 어떻게 돼가니? ______________________________

잘했어! / 수고했어! ______________________________

나 물 좋은지 확인하러 돌아다니는 중이야. ______________________________

너희 나한테 빌붙어 살았잖아. ______________________________

Entourage Season 1 Episode 02

Day 26

그거 엿 됐어. / 그거 새 됐어. ______________________________

우리 20분 뒤에 그녀랑 약속 있어. ______________________________

개 뻥치고 있네. 난 그거 안 믿어. ______________________________

그는 회의중입니다. ______________________________

넌 상대방을 다루는 방법을 모르냐? ______________________________

난 다 들을 수 있어. ______________________________

Entourage Season 1 Episode 03 Day 27

꺼져!

그에게 안부 좀 전해줘.

아직 초저녁이라고.

나 밤 샜어.

그거 괜찮네.

그 영화 이번 주말에 개봉해.

Entourage Season 1 Episode 04 Day 27

저와 같이 저녁식사하실래요?

내가 나가는 곳까지 바래다줄게.

저 여자 정말 섹시한데!

너한테 아무것도 말하지 않을 거야.

그거 믿기 어려운데요.

나 좀 (차에서) 내려줄래?

Entourage Season 1 Episode 05 Day 28

너 제대로 운동할 준비됐어? ______________________

우리 서로 아는 사이인가요? ______________________

그거 대단한데! / 완전 끝내줘! ______________________

그녀는 채식주의자야. ______________________

배 째! / 고소해! ______________________

이것들 대만제 짝퉁이잖아. ______________________

Entourage Season 1 Episode 06 Day 29

나 너무 차려 입은 것처럼 보여? ______________________

넌 너무 구식이야. ______________________

행운을 빌어! ______________________

넌 멋진 놈이야! / 네가 최고야! ______________________

네게 솔직하게 말해도 될까? ______________________

그가 경제학 기말고사 커닝하는 거 내가 도와줬어. ______________________

Entourage Season 1 Episode 07 Day 30

너 술 마시고 그녀에게 전화했다고?

커피나 한 잔하자.

내가 돈 때문에 이 일을 하는 게 아냐.

나 갈 준비됐어.

나 집세가 또 밀렸어.

걘 좀 힘들게 해도 돼.

Entourage Season 1 Episode 08 Day 31

난 커스틴에게 돈 걸게.

설상가상이네.

즐거운 여행되시길!

이거 해내고 말겠어.

피자배달 왔다!

몇 가지 일로 너랑 얘기 좀 하고 싶어.

Entourage Season 2 Episode 01

Day 32

도대체 왜 그러는데?

올해, 넌 한 단계 더 성장하게 될 거야.

걔 나한테 신세 갚을 일이 있어.

난 여러 가지 일을 동시에 하는 스타일이야.

너 계속 날 기다리게 할 거 아니지, 그렇지?

정신 차려! / 꿈 깨!

Entourage Season 2 Episode 02

Day 33

널 아주 두들겨 패버리겠어.

이거 너무 멋진걸!

힘 내! / 잘한다! / 파이팅!

네 형 좀 이상한 것 같다.

그녀가 날 퇴짜 놓은 건 아냐. 아팠대.

돌려서 말하지 마.

Entourage Season 2 Episode 03

Day 34

6주치 급여 가불 받을 수 있어요?

얼마 정도 예상하고 계신가요?

백만 달러가 예전 백만 달러가 아니야.

걔들은 그럴 배짱이 없어.

저거 대단하지 않나요?

저 놈은 너희 바가지 씌우는 거야.

Entourage Season 2 Episode 04

Day 35

내가 안목이 좀 있다는 거 알잖아.

우리가 요즘 돈벌이가 시원찮아서 말이지.

지금은 좀 바빠.

마침내 나도 일들이 잘 풀리기 시작하는구나.

너 빈둥거리고 있구나.

행복은 마음에서 오는 거야.

THE MENTALIST Season 1 Episode 01

Day 37

나도 한땐 잘 살았어.

내 집에서 당장 꺼져!

조용히 하고 있어.

너 네 문제가 뭔지 알아?

저는 의견(생각)이 다릅니다.

전 모함당하고 있는 겁니다.

THE MENTALIST Season 1 Episode 02

Day 38

아마도 그녀가 날 몰래 짝사랑하나봐.

하나님께 맹세해.

진정해. / 열 좀 식혀.

너 이거 지어내고 있는 거야.

착수하도록 하겠습니다.

전 모텔을 운영합니다.

THE MENTALIST Season 1 Episode 03 Day 39

그는 그가 생각하는 것만큼 똑똑하지 않아. ______________________

이제 그만 잊어버려. ______________________

나하고는 상관없는 일이야. ______________________

우린 한동안 가깝게 지내지 않았어. ______________________

그것 때문에 놀라서 심장이 벌렁거려. ______________________

그는 아마도 실형을 살지 않을 수도 있어. ______________________

THE MENTALIST Season 1 Episode 04 Day 40

우리가 처리할 수 있습니다. ______________________

너 때문에 못 살겠다. ______________________

너 그녀에게 반한 건 아니지, 그렇지? ______________________

다시 연락드리겠습니다. ______________________

인생은 너무 복잡해. ______________________

난 널 동정(위로)해. ______________________

THE MENTALIST Season 1 Episode 05 Day 41

그녀는 아침형 인간이 아니에요. ______________________

아무도 그녀에 대해서 나쁘게 얘기하지 않을 거예요. ______________________

그녀는 그를 낮게 평가했어. ______________________

이제 당신이 책임자입니다. ______________________

난 전혀 개의치 않아. ______________________

도대체 무슨 일이야? ______________________

THE MENTALIST Season 1 Episode 06 Day 42

그는 자신의 원칙에 충실했어. ______________________

두 배로 쳐서 갚아 줄게. ______________________

그녀는 너에게서 큰돈을 갈취하고 있어. ______________________

당신 꽤 호화스럽게 사는 게 틀림없겠군요. ______________________

그가 너를 의심하고 있었어. ______________________

그녀는 솔직히 고백하길 원해요. ______________________

THE MENTALIST Season 1 Episode 07 Day 43

너 완전히 통달한 것처럼 들리는데. ______________

언제든지 내게 전화해. ______________

그를 마지막으로 본 게 언제죠? ______________

최대한 빨리 온 거에요. ______________

갠 한 성질해. ______________

그가 내게 이래라 저래라 명령하기 시작했어. ______________

THE MENTALIST Season 1 Episode 08 Day 44

당신은 약속을 꼭 지키는 사람인가요? ______________

너 뒤졌어. ______________

이거 너랑은 상관없는 일이야. ______________

아무한테도 절대 말하지 않을게. ______________

난 그녀를 (어려움에서) 도와주고 있었어. ______________

너는 어떻게 수지를 맞추고 있는 거니? ______________

THE MENTALIST Season 1 Episode 09

Day 45

필요한 게 있으면, 말만 해.

마음껏 드세요.

누군가 그를 의도적으로 죽였어.

그거 섬뜩한 우연의 일치인데요.

그건 말도 안 되는 소리야.

그가 이것을 할 능력이 있을 리가 없어요.

THE MENTALIST Season 1 Episode 10

Day 46

전 힘든 시간을 겪었습니다.

그것들 인터넷에 쫙 퍼졌어!

그녀가 날 속였어.

우리끼리 조용히 얘기할 만한 곳 있나?

결국엔 내가 성공할 거라고 말했지.

우린 서로 비긴 거야.

THE MENTALIST Season 1 Episode 11

Day 47

그 정보를 어떻게 손에 넣은 거지?

난 모든 계층의 친구들이 있어.

뭐라고 말하기가 힘드네.

쟤 새빨간 거짓말을 하고 있어.

너 유치하게 구는구나.

그들이 나에 대해서 좋은 말을 해줄 거예요.

THE MENTALIST Season 1 Episode 12

Day 48

그를 혼냈어요.

왜 고소하지 않으셨죠?

당신 대학중퇴자군요.

불편하게 해드려서 죄송합니다.

주문과 같은 것은 없어.

우리 초과 근무를 해야 할 필요가 있어요.